教育部人文社会科学研究项目"关于幼儿发展性评价的实践研究"成果　批准号：11YJA880033

幼儿发展性评价手册

黄　珊/主编

Youer Fanzhanxing Pingjia Shouce

北京师范大学出版集团
BEIJING NORMAL UNIVERSITY PUBLISHING GROUP
北京师范大学出版社

图书在版编目(CIP)数据

幼儿发展性评价手册/黄珊主编. —北京：北京师范大学出版社，2020.6(2025.7重印)

ISBN 978-7-303-25526-9

Ⅰ．①幼…　Ⅱ．①黄…　Ⅲ．①学前教育－教育评估－手册　Ⅳ．①G610-62

中国版本图书馆 CIP 数据核字(2020)第 009638 号

出版发行：北京师范大学出版社 https://www.bnupg.com
　　　　　北京市西城区新街口外大街 12-3 号
　　　　　邮政编码：100088
印　　刷：鸿博昊天科技有限公司
经　　销：全国新华书店
开　　本：787 mm×1092 mm　1/16
印　　张：12.25
字　　数：220 千字
版　　次：2020 年 6 月第 1 版
印　　次：2025 年 7 月第 6 次印刷
定　　价：48.00 元

策划编辑：罗佩珍　　　　　责任编辑：杨磊磊　葛子森
美术编辑：焦　丽　　　　　装帧设计：焦　丽
责任校对：陈　民　　　　　责任印制：赵　龙

编委会

前　言

幼儿园教育评价是幼儿园教育活动的基本反馈机制，是深化教育改革，提高教育质量的有效手段。[①] 作为指导我国学前教育改革的纲领性文件，教育部在 2001 年颁布的《幼儿园教育指导纲要（试行）》（以下简称《纲要》），将教育评价作为同总则、教育内容与要求、组织与实施相并列的四个基本部分之一进行了专门的阐述，可见从国家层面对学前教育评价工作的高度重视。其中，在教育评价部分，《纲要》首先强调了评价的发展性目的，明确提出教育评价是"促进每一个幼儿发展，提高教育质量的必要手段"，并且指出，"评价的过程，是教师运用专业知识审视教育实践，发现、分析、研究、解决问题的过程，也是其自我成长的重要途径"，"幼儿的行为表现和发展变化具有重要的评价意义，教师应视之为重要的评价信息和改进工作的依据"。从《纲要》的这些论述中我们可以看出，做好幼儿发展评价对于提高教育教学质量、促进幼儿发展有积极而重要的意义，发展性评价的观念早已成为我国幼儿园课程改革中的主导思想。

尽管发展性评价已经成为幼教界普遍倡导的理念，但如何在幼儿园中实施发展性评价在我国鲜有操作层面上的研究，因而缺乏切实有效的发展性评价实施策略，使得在实践中教师的评价行为普遍滞后于评价观念的进步[②]，对教育评价的重视与开展适宜的教育评价实践之间还存在严重的脱节。由于在实践层面开展发展性评价是一项比较复杂的工作，目前我国真正开展符合《纲要》精神的系统、科学的发展性评价的幼儿园少之又少。

因此，如何把发展性评价的理念转化为可操作的评价实践，已经成为我国幼儿园评价工作中亟待解决的问题。这就需要我们在《纲要》精神的指导下，借鉴国外成熟的发展性评价理念与方法，探索出适合我国幼儿园教育实践的幼儿

---

① 彭俊英：《从〈纲要〉看幼儿园教育评价的发展方向》，载《早期教育》，2002(5)。
② 徐晓莉：《幼儿发展评价：关注过程重在发展》，载《学前教育研究》，2008(8)。

发展评价体系，并在实践中提高教师的发展性教育评价能力。

正是在这样的背景下，我园积极开展关于幼儿发展性评价的实践研究，希望能够以一己之力，积累有关幼儿发展性评价的经验，更好地促进我园的课程建设、教师的发展及幼儿的发展。这样的尝试，也基于对我园自身优势的分析。

一方面，作为北京师范大学的直属幼儿园，我园在教育资源和专家资源方面有着得天独厚的优势，在开展课题研究过程中可以及时向北京师范大学的学前教育专家咨询，获得指导。另一方面，在百年来的历史发展过程中，我园形成了"崇尚学术研究，坚持以教科研为先导，促进教师队伍素质及保教工作质量的提高"的优良传统和浓厚的研究氛围。自"十五"以来，我园独立申请并顺利完成多项市区级、校级研究课题。在开展课题研究的过程中，我园培养了一支成熟的教科研引领团队，以及一大批反思型、研究型的骨干教师。这也使得我们有勇气、有信心去尝试幼儿发展性评价这项有挑战性的课题研究。

作为北京市示范园、海淀区优秀培训基地，我园在不断壮大自身办学实力的同时，也在努力发挥示范园的引领与辐射作用。多年来，通过外出支教、专项培训、代培等多种形式，我园将教育教学、课题研究及管理等多方面的经验，辐射到北京市以及我国西部地区的很多幼儿园。也正是基于这样的使命感，在没有很多经验可以借鉴的情况下，我园直面挑战，在"十二五"期间申请立项了教育部人文社会科学研究项目"关于幼儿发展性评价的实践研究"，经过几年的探索，初步形成了幼儿发展性评价的实践体系。

研究期间，新疆阿勒泰地区实验幼儿园的部分教师和班级在时任园长王冬生的带领下采用本研究成果为幼儿制作成长档案，改善了教师的评价观念和行为以及家长的育儿观念和方法。沈阳师范大学的秦旭芳教授带领沈阳的几所幼儿园借鉴本研究成果进行实践，也取得了一定的成效。可见，本研究成果对我国其他的幼儿园也适用，能够帮助教师进行更为科学有效的幼儿发展性评价，具有推广的意义和价值。在此也对他们的积极参与表示衷心的感谢！

本书第一章概述部分，介绍幼儿发展性评价的特征以及在本研究中幼儿发展性评价的结构体系等；第二章至第五章，阐述幼儿发展性评价过程及其实施，即教师如何开展幼儿发展性评价工作，这其中主要包括三个方面的内容——教师如何使用幼儿发展检核表、如何收集幼儿成长档案及如何撰写幼儿发展综合报告；附录部分包括实践研究形成的"幼儿发展指引"和"检核表"，这也可以说是幼儿发展性评价的指标体系。这几部分内容共同构成了幼儿发展性评价的完整体系。

该评价体系操作性强，在"十三五"期间，我们在园里更多的班级运用这一实践体系，也希望将这一体系介绍给广大同行，以便为其他园所开展幼儿发展性评价提供一些具体借鉴。

目　录

第一章　概述

第一节　幼儿发展性评价概述

一、发展性评价与作品取样系统的概念

在我们的研究中，发展性评价和作品取样系统是两个关键概念。因此，我们首先简要阐述一下这两个概念的内涵。

（一）发展性评价是一种评价理念

从 19 世纪末至今，教育评价理论在经历了测量或测验型教育评价、目标实现型教育评价、价值判断型教育评价三个阶段后，出现了发展性教育评价。英国的纳托尔和克里夫特于 20 世纪 80 年代正式提出了发展性教育评价理论，认为评价应以教育的发展为对象，以教育的发展为目标，其基本特点在于以"协商"为基础，评价者与评价对象共同建构评价过程，为发展而评价，以评价促发展。[1] 发展性评价以充分发挥评价对学生学习与发展的促进作用为根本出发点，以融合教学与评价为基础和核心，以教师运用评价工具不断开展行动研究和反思，从而改进其教学和课程设计为中介或途径，并最终促进学生、教师以及课程三方面共同发展的评价。[2]

由此可见，发展性评价是一种评价理论，也是一种评价理念，其"发展性"是相对于传统的"鉴别性"而言的。与传统的教育评价相比，发展性评价有以下基本特征[3]：评价的价值取向是以人为本，评价目的和功能的"发展性"，评价与课程、教学三位一体，评价情境真实化，评价方法多元化，评价过程动态化，强调评价者与被评价者之间的互动和理解，重视评价主体的行动研究和反思。

（二）作品取样系统是体现发展性评价理念的一种评价方法

目前国外关于发展性评价的研究已经有系统性的实证研究成果，比较有代

---

① 刘阳科：《发展性教育评价的理论探究、实践探索及其对教育督导工作的启示》，载《教育测量与评价（理论版）》，2010（9）。

② 于开莲：《发展性评价与相关评价概念辨析》，载《当代教育论坛》，2007（5）。

③ 于开莲：《发展性评价与相关评价概念辨析》，载《当代教育论坛》，2007（5）。

表性的两种方法是档案袋评价和作品取样系统评价。

档案袋评价源自 20 世纪 80 年代中期美国中小学教育实践，用档案袋评价方法了解学生的成长历程与发展进步，其想法源自艺术家的作品档案袋，是指收集儿童在学习过程中有代表性的作品和典型的表现记录，以儿童的现实表现作为判断儿童学习质量的依据的评价方法。这种评价方法从多种渠道收集资料，旨在提供有关儿童学习的实际水平的各种材料，重视儿童发展的过程，能从多角度、多侧面来判断每个儿童的优点和发展可能性，为描绘每个儿童的学习情况的剖面图和发展过程提供了真实而详细的资料。①

作品取样系统评价，即教室里的真实性表现评价，是由美国艾里克森研究院的山姆·麦索尔斯等人经过近 20 年的研究与实践，于 20 世纪 90 年代形成的儿童发展评价体系，在美国适用于学前至五年级的儿童。作品取样系统的主要要素与基本特征包括：七个学习领域（或称"学习范畴"，包括个人与社会发展、语言与文学、数学思考、科学思考、社会文化、艺术、体能发展与健康），此七个学习领域贯穿整个系统；三种记录儿童表现的系统（发展指引及检核表、档案和综合报告）；一学年有三个收集期（学期初、学期末、学年末）；参与的人员包括教师、儿童及家长；此系统横跨八个年龄层。

在理念和实践层面进一步分析可以发现，档案袋评价和作品取样系统评价既相似又不同。相似之处在于：二者都是大学的学者与一线的教师合作，并经过多年基于实践的研究而形成的；两种评价系统都能够充分体现发展性评价的理念，即过程中评价、真实性评价、为发展而评价、关注个体差异的评价；评价方法都具有很强的操作性，能够关注每一个个体，并从实践层面促进学生的健康发展。不同之处在于：与档案袋评价相比，作品取样评价更加系统化，包括发展指引及检核表、档案和综合报告三个子系统，并且针对如何运用该评价体系有详细的举例、说明和指导。

二、《作品取样系统》② 的特点使本土化成为必然

在认真研究和分析国外多种评价理念与评价方法的基础上，我们发现《作品取样系统》不仅与《幼儿园教育指导纲要（试行）》中有关教育评价的理念一致，而且其系统性和操作性非常强。然而，要借鉴《作品取样系统》开展发展性评价的实践，必须要结合我国幼儿园的实际情况对其进行本土化，这样才

---

① 彭俊英：《档案袋评定——一种新型的幼儿园教育评价方法》，载《山东教育》，2002（33）。

② 《作品取样系统》在此处代指《作品取样系统：教室里的真实性表现评价》和《作品取样系统：3～6 岁儿童发展指引》两本书，后同。

能形成真正符合我国幼儿园特点和需求的发展性评价体系，这也是由《作品取样系统》中发展指引和档案本身的特点所决定的。

首先，发展指引的参考标准决定了必须进行本土化。发展指引反映的是教育者对某一年龄段儿童的合理期望。《作品取样系统》中的发展指引是根据美国的国家级课程委员会、各州及各地的课程范围以及儿童发展研究等资料形成的，其中所列的期望标准符合美国国家教育目标委员会（National Educational Goals Panel）的规定及美国幼儿教育协会（National Association for the Education of Young Children）的发展适宜性教育原则（developmentally appropriate practice）。这样的发展指引直接移植过来作为对中国儿童的期望是不可行的，我们需要结合中国学前教育纲领性文件〔包括《幼儿园教育指导纲要（试行）》《3—6岁儿童学习与发展指南》等〕的相关要求，对其进行本土化。

其次，幼儿档案设计及收集决定了需要进行本土化。在作品取样系统中，不同地方的教师所使用的发展检核表是相同的，但为了使评价能反映不同地方的特性，档案的设计要融合当地的标准和期望。也就是说，《作品取样系统》中的每个领域都包含许多学习目标，档案的收集要求每个领域确定两个学习目标作为核心目标，然后围绕这两个核心目标去收集核心项目。在众多的学习目标中，到底要如何确定两个核心目标，这是学校和教师的责任，需要学校和教师在对当地课程目标、儿童观、教育观，以及对当地儿童年龄特点与发展水平深入了解的基础上，通过集体讨论的形式进行确定。

最后，我国幼儿园的实际情况决定了收集期的本土化。《作品取样系统》一书中规定一年有三个收集期，每11周为一个收集期。事实上，我园教师在实践过程中发现，将三个收集期安排在一学年的两个学期中，既不好划分时间，教师精力也有限。经过分析发现，这与中美两国幼儿园在多方面存在的差异有关：从教师的学历来看，美国幼儿园教师的学历基本在大学本科及以上，而我国幼儿园专任教师的学历达本科及以上的仅占21.30%（2017年）。[①] 从一日作息来看，在美国的幼儿园中，幼儿每天在园时间普遍比我国幼儿在园时间短，幼儿的室内活动时间相对较长，且在生活环节中幼儿以自己动手为主，而我国幼儿园强调保教并重，一日作息中除了教育活动外，还包括三餐、盥洗、午睡等保育活动内容，同时每天上午、下午必须保证幼儿各有一小时的户外活动时间。从教师可以自由支配的时间来看，美国幼儿园的两名教师通常分

---

① 中华人民共和国教育部网站：《幼儿园园长、专任教师、专业技术职务情况》，http://www.moc.gov.cn/s78/A03/moe_560/jytjsj_2017/qg/201808/t20180808_344711.html，2020-01-10。

上下午轮流当主班，在非主班时间内都可以进行档案收集及整理工作，而且几乎没有各种检查和比赛，教师的工作更纯粹。[①] 对于我国的教师来说，细致的保教工作要求和普遍的一日三餐两点，使得他们需要花很多时间和精力在幼儿的生活照顾上，而且由于教师入职门槛低，需要更多的职后培训和检查督导，所以教师能用来专心观察幼儿和进行档案收集与整理的时间很少。简言之，教师学历低、班级幼儿多、工作中关注的内容多以及工作时间长等特点，使得我国幼儿园的教师难以在一学期内有质量地完成两个收集期的检核表评定、档案收集及综合报告。因此，在初期的实际操作后，我们针对发现的问题进行了认真思考和讨论，将作品取样系统每学年三次的收集期调整为每学年两次（每学期各一次）。

第二节　幼儿发展指引的本土化

确立科学的评价指标是进行科学评价的前提。幼儿发展指引就是在作品取样系统中教师进行观察和评价的指标，作品取样系统中的幼儿发展指引是依据美国的课程标准确定的，在课程体系、结构分类及表现性指标等方面与我国存在较大差异。因此，我们借鉴《作品取样系统》开展幼儿发展性评价的第一步，就是要将幼儿发展指引及检核表进行本土化。

在《作品取样系统》中，发展指引和发展检核表是一体的，发展检核表是将发展指引中的一级指标和二级指标抽取出来做成的发展评定表格。因此，一旦发展指引确定了，发展检核表也就可以对应形成了。发展检核表的本土化与发展指引的本土化是一脉相承的，为了便于表述，本节主要从幼儿发展指引的角度介绍本土化的过程。

一、幼儿发展指引本土化的一般过程

幼儿发展指引本土化的过程，是自上而下和自下而上有机结合的过程。从任务内容的角度来看，在为期一年多的时间里，幼儿发展指引本土化的过程大致可以分成以下四个阶段。

第一阶段：初步确定发展指引的领域划分

在《作品取样系统》中，儿童发展指引涵盖了个人与社会发展、语言与文学、数学思考、科学思考、社会文化、艺术、体能发展与健康七个领域。在本土化的过程中，我们首先参考我国《幼儿园教育指导纲要（试行）》对五大领域的划分，初步确定了在我园幼儿发展性评价体系中幼儿发展指引的五个领域：健

---

① 刘晓红：《美国幼儿教育考察：教师篇》，载《教育导刊（下半月）》，2017(4)。

康、语言、社会、科学、艺术。

第二阶段：分领域查阅相关资料，对部分领域进行调整

初步确定幼儿发展指引所涉及的五大领域之后，我们将参与幼儿发展指引本土化的课题组成员进行了有针对性的分工与优化。首先将主要成员分成5组，每个小组负责一个领域，每个领域组由3~4人组成。人员分组兼顾了两方面的因素：一方面，尊重个人的兴趣和所擅长的领域；另一方面，每组成员要包括保教工作管理者(幼儿园保教主任)、幼儿园专职教育研究人员(在我园的岗位设置中被称为"教研员")和一线骨干教师至少各1名。这样的人员分工与组合，能够使幼儿发展指引的本土化在理论和实践两个层面上都具有可行性。

之后，各组人员分领域进一步查阅资料并进行分享与讨论。在此过程中，我们将幼儿发展指引的五个领域调整为动作、语言、情绪与社会性、数学和美术，这一调整主要基于以下考虑。

首先，原来的个人与社会发展领域调整为情绪与社会性领域。主要是从幼儿心理发展的角度考虑，情绪与社会性关系密切，放在一起也更便于教师理解。

其次，原来的体能发展与健康领域调整为动作领域。一方面，是因为我们把涉及心理健康方面的情绪情感发展的内容放在社会性领域了。另一方面，也是希望能够与我国幼儿园每学期都进行体能测试的现状相结合，而体能测试主要定位在动作发展方面，因此，原来的健康领域也就调整为动作领域。

最后，原来的科学思考领域调整为数学领域。在《幼儿园教育指导纲要(试行)》和《3—6岁儿童学习与发展指南》中，数学本来是包含在科学领域内的，但在学科的具体特点和实际的教育教学方面，数学和科学确实存在诸多不同，需要像在《作品取样系统》里提到的那样分开陈述。但是，由于人员精力有限，我们决定先聚焦数学领域。有关科学领域的内容，可以在以后的研究与实践过程中逐步增加和完善。

第三阶段：分工合作，反复研讨，形成初稿

在此阶段，各组按照调整后的领域分别制订各领域的3~6岁幼儿发展指引，形成初稿。总体来说，幼儿发展指引及检核表的本土化主要以我国学前教育领域的纲领性文件为依据。具体到每个领域，我们参考了相关领域的专业研究成果，包括书籍和论文等。例如，动作领域主要参考黄世勋的《幼儿园体育创新活动指导》，该书非常详细地分析了不同年龄阶段幼儿各种大肌肉动作发展的特点及水平，并且有详细的观察记录表和全面的评价标准，因此该书成为我园制订幼儿动作发展指引一级指标和二级指标的重要参考资料。语言领域主要参考了香港教育学院"儿童发展评量表研究小组"编写的《儿童发展评量表》中的指标分类。数学领域则综合借鉴了《作品取样系统》和国内的学前儿童数学教育研究成果。

在借鉴相关参考资料的基础上，各领域组通过组内、组间的多次交流研讨，逐步明确了一级指标和二级指标。之后，结合我园的教育理念和课程实践，各领域组梳理出每一年龄段幼儿在每个二级指标上的表现性指标，即具体行为表现与观察实例。整个过程历时一年有余，我们完成了各领域幼儿发展指引的本土化，即形成了我园幼儿发展性评价中的幼儿发展指引的初稿。随即，我们将每个年龄段每个领域的一级指标和二级指标抽取出来，做成表格，幼儿发展指引及检核表的制订也就初步完成了。

第四阶段：实践试评，调整完善

幼儿发展指引及检核表的初稿完成之后，便进入培训、试评、调整和完善阶段。首先，我们组织所有即将在班级中应用幼儿发展指引及检核表的一线教师进行了数次培训和教研，引领他们熟悉相关领域的幼儿发展指引，明确发展检核表的使用以及相关的评价标准。每个领域大概有10名教师参与试评。其次，围绕试评的领域，每个教师针对本班幼儿的情况，选择大致处于高、中、低三种发展水平的幼儿各两名进行试评。教师在一个月的时间里，结合幼儿发展指引的相关论述，在观察的基础上利用发展检核表对6名幼儿在相应领域的发展情况进行评价。最后，各领域组教师汇总在试评过程中遇到的问题，并通过研讨提出解决方案，在此基础上，进一步调整、完善幼儿发展指引及检核表。

下面以艺术领域测评为例，说明试评之后的反馈与思考（见表1-1）。

表1-1　对艺术领域测评结果的反馈与思考

序号	教师的困惑与问题	分析与反思
1	在发展指引中艺术领域的发展检核表并没有区分音乐和美术，但是在实际测评的过程中，同一个幼儿在音乐和美术两方面的发展可能并不同步。	进一步了解发现，幼儿在音乐和美术方面发展不同步的情况比较常见，为此，是否需要在艺术领域测评中分出音乐领域与美术领域？
2	不同教师在对同一个幼儿进行待发展、发展中、熟练的等级评定时，经常会出现等级评定结果不一致的现象。	一方面，与教师对发展指引的熟悉程度、理解程度，以及教师对幼儿的观察了解深入程度有关；另一方面，教师对待发展、发展中、熟练三个等级的相关界定可能还存在不同的理解。因此，在真正评价时，教师需要充分熟悉发展指引及相关指标的界定，同时在做出等级评定之前还需要与班上教师进一步交流沟通，提高共识度。

序号	教师的困惑与问题	分析与反思
3	对于年轻教师来说，他们在评定幼儿发展情况时非常依赖于发展指引中的具体事例与说明。	有些例子是需要教师在组织相应的活动之后才能观察到幼儿的相应表现的，因此，我们既要了解发展指引中的例子是否具有典型性，也要尽量将例子与幼儿园园本课程相结合，同时鼓励教师结合日常教学及时补充相关实例，让教育教学与评价融为一体。
4	在某个二级指标中，对于"能主动表达自己对作品的理解与感受，评价时能够比较客观、全面"，教师发现，有的幼儿在肢体或美术方面发展很好，却不善于语言表达，出现这样的情况应该如何界定其发展？	在指标表述和举例方面应该尽可能体现领域本身的发展特点，避免不同领域交叉评价，其他领域的发展会有相应的评价指标。
5	对于发展指引中提到的例子，如果不同幼儿可观察到的实例数量不同，如何解释？是代表他们此项指标的发展程度不同，还是只要表现出其中一两个例子即可？	这说明，教师还不是特别明确如何使用幼儿发展指引以及指引中例子的价值，还需要借助培训，帮助教师进一步明确发展指引的使用情况。
6	只看检核表，感觉要求比较低，似乎所有的幼儿都能达到已发展的程度。	检核表只是为了方便使用而抽取出来的概括性、提示性的文字，教师在实际评价过程中需要配合发展指引来使用，主要围绕发展指引中的相关描述并结合所列举实例进行综合判断，而发展指引中的描述是能够体现出一定的年龄差异的。
7	在发展检核表及发展指引中能不能删掉技能技巧？	围绕这个话题，课题组成员展开了热烈的讨论和争辩，结合《3—6岁儿童学习与发展指南》中对艺术领域的解读，最终达成共识，应该更多鼓励幼儿的感受、欣赏和个性化的表现，弱化技能技巧的传授。

我们所做的后续调整如下：

第一，艺术领域最初包含美术和音乐，在试测的过程中，根据教师的反馈，考虑到在幼儿园教育教学实践中这两门课程往往是分开的，为了使评价更有针对性和操作性，同时也为了帮助教师更好地理解学科特点，我们将艺术领域的美术和音乐进行了分离，先完成了美术领域的发展指引及检核表。

第二，在本土化后，感受与欣赏部分增加了"能专注地欣赏自然与生活中美的事物及艺术作品"这个二级指标。这是因为从审美的对象看，美的分类有三种：自然、生活及艺术中的美。儿童是自然之子，自然界中的美对儿童有更广泛的影响，儿童的生活中也蕴含了许多与美接触的机会。个体的审美素养不仅体现在专业的美术方面，更体现在一日生活中对美的感受。因此，在感受与欣赏的内容上，我们不能仅局限于对艺术作品的鉴赏，而忽略更为广泛的自然与生活中的美。

第三，在表现与创造部分，删掉了"艺术表现技能"和"体现创造力"这两个二级指标。删掉"艺术表现技能"，是为了强调在幼儿园阶段美术教育的目标，该目标是培养幼儿对美的感受和体验，并敢于用美术形式表达内心感受的能力。因此，我们不强调艺术表现技能的学习，而是强调对艺术材料的探索和使用，在探索中自然而然地掌握相关技能。删掉"体现创造力"，是因为幼儿的创造力属于表达性创造力，只要幼儿表达出了内心的真实想法和感受，对于他们自己而言就是一种创造性表达，而不是使用传统的横向比较的思维，判断谁的作品更加新颖独特。

二、幼儿发展指引各领域的本土化

对《作品取样系统：3～6岁儿童发展指引》中涉及的各领域的本土化，我们经历了"确定一级指标"—"确定二级指标"—"针对每个年龄段的每个二级指标进行表征描述和举例说明"这样一个由概括到具体的过程。为了能一目了然地呈现每个领域的本土化过程，下面我们将对比呈现各领域在本土化前后的一级指标和二级指标(以中班年龄段为例)，并通过简单分析加以说明。

(一)幼儿动作发展指引

表1-2　本土化之前——体能发展与健康领域

一级指标	二级指标
粗大动作发展	能平衡及控制大肌肉。
	能协调动作以执行简单的活动。
精细动作发展	能使用力量及控制小肌肉来完成简单的活动。
	能协调手眼以完成工作。
	对书写、画画及艺术工具有初步的控制。
个人的健康与安全	能独立自理一些事情。
	遵守基本的健康与安全规则。

表 1-3　本土化之后——动作领域

一级指标	二级指标
粗大动作发展	走
	跑
	跳
	钻爬
	投掷
	平衡
	玩球能力
精细动作发展	画
	剪
	折
	穿
	倒
	穿脱衣
	使用餐具

在动作发展领域本土化的过程中，我们首先在参考相关资料的基础上，将一级指标定为粗大动作发展和精细动作发展两部分。二级指标的制订主要与幼儿园的相关课程进行结合。例如，根据幼儿园体育活动所关注的基本能力，我们将粗大动作发展部分的二级指标定为走、跑、跳、钻爬、投掷、平衡、玩球能力七个方面。其中，涉及体能测试项目的跑、跳、投掷、平衡等内容，在发展指引中与我国的体能测试标准结合，要求每项技能都以达到合格为标准。教师将评价与体能测试及日常的体育游戏有机结合、相互促进。精细动作发展的二级指标，主要涉及一些典型的、便于教师在教室环境中观察和评价的精细动作，包括画、剪、折、穿、倒、穿脱衣、使用餐具七个方面。对于这些精细动作，教师可以在区域活动中对幼儿进行观察和评价，或者可以在进餐、穿衣等生活环节中进行观察和评价。这也体现了评价与课程的有机结合(见表 1-2、表 1-3)。

在本土化之后的幼儿动作发展指引中，各年龄段在一级指标和二级指标的表述上都是相同的，不同的只是每个年龄段幼儿在各个二级指标的表现水平，也就是说针对每个二级指标，不同年龄段的具体阐述和例子是不同的。

(二)幼儿语言发展指引

表1-4　本土化之前——语言与文学领域

一级指标	二级指标
听	能倾听以了解意义。
	能依从两个或三个步骤的指示行事。
	展现声韵觉识。
说	说话清楚，不需要靠情境中的线索就可了解。
	能因不同的目的，创新既有词汇或语言。
读	展现对书及阅读的欣赏。
	对印刷文字有粗浅的了解。
	开始发展对字母的知识。
	理解听到的故事，并有回应。
写	通过画、说和扮演来表现故事。
	能以像字的形状、符号和字母来传递想法。
	了解书写的目的。

表1-5　本土化之后——语言领域

一级指标	二级指标
听	专心倾听并适当回应。
	在群体中能有意识地听与自己有关的信息。
	能依从两个或三个步骤的指示行事。
	能结合情境感受到不同语气、语调所表达的不同意思。
说	愿意谈论自己感兴趣的话题。
	能基本完整地讲述自己的见闻和经历的事情。
	能运用不同结构的多词句子表达意思。
	讲述比较自如、连贯，大部分日常生活字词发音清晰。
读	经常反复看自己喜欢的图书。
	能根据连续画面提供的信息大致说出故事的情节。
	喜欢认读生活中常见的标识、符号。
	良好的阅读习惯。
写	愿意用图画和符号表达自己的愿望与想法。
	喜欢自由操控书写工具。

语言的发展主要体现在听、说、读、写四种基本能力的习得，因此语言发展的一级指标包括听、说、读、写四个方面，这与《作品取样系统》《3—6 岁儿童学习与发展指南》以及香港教育学院制订的《儿童发展评量表》中的划分都是一致的。

语言领域二级指标的制订，是在参考《3—6 岁儿童学习与发展指南》和《儿童发展评量表》的基础上，对《作品取样系统》的内容和表述方面进行了调整。例如，在"听"方面，将"展现声韵觉识"修改为"能结合情境感受到不同语气、语调所表达的不同意思"，这样的语言更符合我们的表达习惯；在"读"方面，我们增加了"良好的阅读习惯"的二级指标，体现了我们对培养儿童阅读习惯的重视（见表 1-4、表 1-5）。

（三）幼儿情绪与社会性发展指引

表 1-6　本土化之前——个人与社会发展领域

一级指标	二级指标
自我概念	展现自信。
	独立从事活动。
自我控制	遵从简单的教室常规及例行活动。
	能小心地使用材料。
	能适应活动上的转换。
学习方式	对学习有热忱及好奇。
	能持续专注做一件事，在遭遇到问题时会寻求协助。
	做事有弹性及创意。
与他人的互动	易与一位或一位以上的儿童互动。
	容易与熟悉的大人互动。
	能参与教室内的团体生活。
	对他人表现同情与关心。
解决人际问题	在需要解决冲突时，会寻求大人的协助。

表 1-7　本土化之后——情绪与社会性领域

一级指标	二级指标
自我概念	明晰的自我认知。
	展现自信。
	独立自主。

一级指标	二级指标
情绪情感	积极的情绪状态。
	基本的情绪理解能力。
	一定的情绪调控能力。
	对他人表现同情与关心。
	初步的责任心萌芽。
人际交往	喜欢与他人交往。
	关心尊重他人。
	与同伴友好相处。
行为规则	遵守基本的教室常规及例行活动。
	具有良好的材料使用习惯。
	能适应活动的转换。

儿童社会性发展主要包括社会认知、社会情感、社会行为技能三方面。在查阅相关文献资料的基础上，我们将3～6岁幼儿情绪与社会性领域的一级指标定为自我概念、情绪情感、人际交往和行为规则四个维度。其中，自我概念主要体现的是个体在社会认知方面的发展情况，情绪情感体现的是个体在社会情感方面的发展情况，人际交往体现的是个体在社会行为技能方面的发展情况，行为规则既体现个体的社会认知也体现个体的社会行为。

在该领域中，二级指标在不同年龄段的表述会有不同。例如，有关自我概念的二级指标，小班是"基本的自我认知"，中班是"明晰的自我认知"，大班则是"对自我和家庭有明确的认识"，这体现了幼儿自我认知深度和广度不断扩大的发展规律。针对每一项二级指标，教师可以在参考相关解释和举例的基础上，通过持续观察儿童、与儿童沟通交流、与家庭成员及其他教师交流等多种方式，来分析、判断幼儿的情绪和社会性发展情况(见表1-6、表1-7)。

(四)幼儿数学发展指引

表1-8 本土化之前——数学思考领域

一级指标	二级指标
运用数学的历程	开始利用简单的策略解决数学问题。
数与运算	开始了解量与数。

幼儿发展性评价手册

一级指标	二级指标
规律、关系与功能	能依据一种或两种属性将物品分类。
	能认出并复制简单的规律。
几何与空间关系	开始辨认与描述形状的属性。
	了解并能使用几个位置词。
测量	能依据一种属性描述、比较与排序物品。
	参与测量的活动。

表 1-9　本土化之后——数学领域

一级指标	二级指标
数与运算	正确点数 10 以内的物体。
	理解 10 以内相邻两数的多"1"和少"1"的关系。
	认识 10 以内数的守恒。
	认识 10 以内序数。
	认读 10 以内阿拉伯数字。
规律与关系	从一堆物体中排除不属于这一集合的元素。
	能依据一种或两种属性将物品分类。
	能认出并复制简单的规律。
量与计量	对物体(至少 5 个)按量的差异(大小、长短、粗细)比较和排序,并进行描述。
	参与自然测量活动,能借助物体比较事物的高矮、长短、粗细等。
	能结合生活经验理解昨天、今天和明天等时间概念,知道今天、昨天与明天分别是星期几。
几何与空间	认识长方形、椭圆形和梯形。
	能用 6 种平面图形(圆形、三角形、正方形、长方形、椭圆形、梯形)进行组合拼搭。
	以自身为中心区分前后、里外空间方位,并按照方位词(上下、前后、里外)的指令行动。
运用数学知识解决问题	开始运用简单的策略解决数学问题并做出初步的解释。
	在生活或活动中提出简单的数学问题。

在《作品取样系统》中，数学思考和科学思考是两个不同的领域。在我国的《3—6岁儿童学习与发展指南》中，科学领域包含了科学探究和数学认知两部分。由于精力所限，我们首先进行了数学领域发展指引的本土化。

在分析了相关书籍后我们发现，数学发展指引的一级指标差异比较小，综合分析之后，除了将"测量"的一级指标改为"量与计量"之外，其他一级指标的内容在本土化前后基本相同，只是在表述上稍做修改以更适合汉语的表达和理解。从二级指标来看，本土化之后的二级指标更加具体、明确，而且在各年龄阶段每个一级指标下的二级指标的内容及表述都各不相同，这也是数学领域严谨性与科学性的体现（见表1-8、表1-9）。

（五）幼儿美术发展指引

表1-10　本土化之前——艺术领域

一级指标	二级指标
表达与表征	能参与团体的音乐活动。
	能参与创造性韵律、舞蹈及戏剧。
	运用不同的艺术材料来探究材质。
理解与欣赏	对艺术创作品或事件有响应。

表1-11　本土化之后——美术领域

一级指标	二级指标
感受与欣赏	能专注地欣赏自然与生活中美的事物及艺术作品。
	能关注到事物和作品的细节、色彩、形态特征，并有自己的想象和理解。
表现与创造	经常用个人喜欢的美术形式来表达自己的所见所想。
	能探索不同艺术材料的特质，并萌发出表现的意图。

本土化之前的艺术领域在发展指引中涉及的一级指标和二级指标都相对较少，四项二级指标中只有两项涉及美术领域。在本土化的过程中，我们在制订一级指标时，借鉴了《3—6岁儿童学习与发展指南》，从顺序上来看，将"感受与欣赏"放在"表现与创造"之前，符合我们美术教育的理念与方式。

在二级指标的制订上，最初我们也是将美术和音乐合在一起，但在后期实践试评的过程中发现，由于美术和音乐有各自的学科特点，合在一起不方便教师操作，于是我们将二级指标的阐述聚焦在美术领域。并且，二级指标在各年龄段的内容表述及举例方面也都各不相同，体现出我们对不同年龄段幼儿审美教育重点的理解和把握(见表1-10、表1-11)。

第三节　幼儿发展性评价体系的基本构成

通过开展关于幼儿发展性评价的实践研究，我们将国外的作品取样系统进行了本土化，形成了符合我国学前教育纲领性文件及我国幼儿园课程特点、幼儿发展需求的幼儿发展性评价体系。该评价体系具有以下特点：①评价体系包括三部分，即幼儿发展指引及检核表、幼儿成长档案、幼儿发展综合报告；②目前确定的评价内容涉及五个领域，即动作、语言、情绪与社会性、数学、美术；③评价对象包括三个年龄段的幼儿，即3～4岁(小班)、4～5岁(中班)、5～6岁(大班)；④每学期为一个评价周期。

一、幼儿发展指引及检核表

(一)3～6岁幼儿发展指引

发展指引"是一套用来评价学生在不同年龄时表现与成就的合理期望"[1]。换句话说，幼儿发展指引是教师对幼儿在每一年应该掌握什么技能的适宜期望，也是对幼儿在相应年龄段所能达到的发展水平进行评价的主要依据。

在我们的幼儿发展性评价体系中，3～6岁幼儿的发展指引涉及五个领域，在每个领域中有若干一级指标，每个一级指标下有若干二级指标，每个二级指标后面都附有幼儿的具体行为表现和观察实例，指引教师观察和判断幼儿是否具有相应的行为表现。正如《作品取样系统：教室里的真实性表现评价》一书中所提到的："这些例子用来提醒教师儿童展现能力方式具有多样性""教师不应该期望儿童表现出所有例子的行为"。教师在熟悉发展指引的过程中，还可以结合所在幼儿园的课程理念、个人的实践经验及与同事的讨论等，进一步补充、调整和完善相关的实例。

下面以3～4岁幼儿在数学领域的发展指引(节选)为例，说明一级指标、二级指标，以及幼儿的行为表现和观察实例(见表1-12)。

---

① [美]马戈·迪希特米勒、朱迪·雅布隆、阿维娃·多尔夫曼等：《作品取样系统：教室里的真实性表现评价》，廖凤瑞、陈姿兰译，9页，南京，南京师范大学出版社，2009。

表 1-12　幼儿发展指引的结构

幼儿数学发展指引

3~4 岁（小班）

二、规律与关系

（一）按照物体的某一个特征进行分类

3 岁幼儿已经能够对常见实物进行分类，愿意将环境中的物品有序摆放，他们能够将混放的物品按照某一个特征归类，比较常见的是对颜色、大小、形状的归类，以及按物体的名称分类，每类物体宜在 4 个左右。一些实例表现：

- 游戏后，按照玩具的种类分别整理放好，如在娃娃家把食品放在橱柜里、把衣服挂在衣钩上。
- 能提着小筐把草地上的萝卜放进来。
- 能在教室里找到属于自己的一切物品及其固定放置的位置。
- 会分出绿色和红色珠子，并分别放在两个器皿里。

（二）区分"1"和"许多"并理解它们的关系

"1"与"许多"的学习能够帮助幼儿感知集合及其元素，促进幼儿感知元素的分化过程，为学习逐一计数和认识 10 以内的数奠定基础。3 岁幼儿对 1 个物体以上的物体群基本是用"好多""许多"这样笼统的多数词予以表示，他们对集合中的多个元素刚开始是一个一个地感知的，能在周围环境中找出"1"个物体和"许多"个物体。在生活和游戏活动中教师可以为幼儿提供一定的材料环境，让幼儿把一个又一个的物体放在一起构成"许多"，再把"许多"分成一个又一个。实例有：

- 幼儿在活动室里找一找什么东西只有 1 个，什么东西有许多。例如，1 个老师，许多小朋友；1 台电视机，许多椅子；1 架钢琴，许多玩具等。
- 能在生活中运用"1"和"许多"的词汇，幼儿在吃水果时能够表达出："我有 1 个苹果，这里还有许多（很多）苹果"。
- 能知道"1"和"许多"的关系，即"1 个、1 个……"合起来就是"许多"，"许多"可以分成"1 个、1 个……"每人捡 1 片树叶，合在一起就是许多片树叶。
- 在粘贴花瓶的手工活动中，幼儿能知道每次贴一朵花，一朵一朵贴上去就变成了许多朵花。

（三）能以一一对应的方法来比较两组物体的多、少和一样多（物体个数在 5 以内）

3 岁幼儿可以不通过数数的方式，借助于对应比较来确定两组物体的相等与不相等，从而获得数的感性经验，并增强幼儿感知集合元素的准确性。

- 在发餐具时，每位小朋友 1 把勺子和 1 个碗，他们能够注意到勺和碗一样多。
- 在生活中，1 把椅子坐 1 个小朋友，幼儿在发现有小朋友找不到椅子时，能够说出椅子比小朋友（的数量）少。
- 在将瓢虫卡片一一叠放在树叶卡片上后发现瓢虫卡片和树叶卡片一样多。

数学领域中的一级指标有五个，分别是数与运算、规律与关系、量与计量、几何与空间、运用数学知识解决问题。在上表中所列的是第二个一级指标——规律与关系，小班年龄段在该一级指标下面有三个二级指标，即"按照

物体的某一个特征进行分类""区分'1'和'许多'并理解它们的关系""能以一一对应的方法来比较两组物体的多、少和一样多(物体个数在 5 以内)"。在每个二级指标下，又有 3～4 岁幼儿在该方面的适宜行为表现。例如，在"能以一一对应的方法来比较两组物体的多、少和一样多(物体个数在 5 以内)"这个二级指标下，3～4 岁幼儿的适宜行为表现是"可以不通过数数的方式，借助于对应比较来确定两组物体的相等与不相等，从而获得数的感性经验，并增强幼儿感知集合元素的准确性"。之后还列举了三个能体现幼儿相应行为表现的例子，教师可以结合日常生活、教学活动、区域活动等情景，观察幼儿是否有类似的表现。教师可以参考其中的例子，也可以根据班级课程设置或幼儿的表现发现新的例子。

(二)3～6 岁幼儿发展检核表

发展检核表"是依据每一年龄的发展指引所延伸出来的年级表现指标，用来总结及诠释教师的观察"①。也就是说，发展检核表是与发展指引配套使用的，是教师依据发展指引对幼儿在各方面的发展进行等级评价的表格。下面以 3～4 岁幼儿数学发展检核表为例进行说明(见表 1-13)。

表 1-13　幼儿数学发展检核表(3～4 岁)

幼儿姓名：　　　　　　出生日期：　　　　　　性别：

教师姓名：　　　　　　班级：　　　　　　　园所：　　　　　　填表日期：

一级指标	二级指标	评价			备注
		待发展	发展中	熟练	
数与运算	对于数目及数算有兴趣。				
	按物点数 5 以内的物品并理解数的实际意义。				
规律与关系	按照物体的某一个特征进行分类。				
	区分"1"和"许多"并理解它们的关系。				
	能以一一对应的方法来比较两组物体的多、少和一样多(物体个数在 5 以内)。				

① ［美］马戈·迪希特米勒、朱迪·雅布隆、阿维娃·多尔夫曼等：《作品取样系统：教室里的真实性表现评价》，廖凤瑞、陈姿兰译，南京，南京师范大学出版社，2009。

一级指标	二级指标	评价			备注
		待发展	发展中	熟练	
量与计量	对物体(至少3个)按量的差异(大小、长短、高矮)进行比较和排序。				
	参与测量活动。				
	结合生活事件或自然现象辨认白天、黑夜(夜晚);知道早晨、中午、晚上。				
几何与空间	认识区分圆形、正方形和三角形。				
	能用圆形、三角形和正方形进行组合拼搭。				
	以自身为中心区分上、下的空间方位。				
运用数学知识解决问题	对解决数学问题感兴趣。				
	借助实际情境和操作(如用实物一一对应、直接比较)来解决简单的数学问题。				

进一步分析可以发现,幼儿发展检核表具有以下特点。

第一,检核表需要区分领域和年龄,某一领域、某一年龄段的检核表通常独立为一张表,方便教师复印和使用。

第二,检核表中的某一领域、某一年龄段的一级指标和二级指标与发展指引中的相应领域及年龄段的一、二级指标相同。

第三,发展指引反映的是某一年龄段幼儿的适宜表现,而检核表则用于对个体幼儿进行评价,因此在检核表上需要有幼儿的基本信息。

第四,检核表是一种等级评定表,包括待发展、发展中、熟练三个等级。

第五,检核表三个等级的判断标准分别为:待发展——幼儿无法表现出该指标,表示幼儿尚未习得该指标所代表的技巧、特定的行为或成就;发展中——幼儿间歇性地展现该指标所代表的技巧、行为和成就,或者正在萌发中,尚未稳定地展现;熟练——表示幼儿能稳定可靠地展现出该指标所代表的技巧、行为和成就。虽然幼儿可能已超出该指标的程度,也不再参与该指标所描述的活动，但如果教师观察到幼儿表现出这些技能，且这些技能是在幼儿的能力范围内的，就应勾选"熟练"。

二、幼儿成长档案

幼儿成长档案（以下简称"档案"），是教师有目的、有计划地收集幼儿的作品，记录幼儿的学习状态，并依据幼儿发展指引进行分析而形成的关于幼儿学习和发展情况的一系列档案资料。档案作为作品取样系统的核心要素，在发展指引所提供的框架下，通过有计划地收集可以展现儿童努力、进步与成就的作品，来呈现每位儿童的个人特点以及进步的情况，其目的在于提供有关儿童思考和学习的质性资料。[①]

幼儿发展性评价中的档案是以教师多年来为每个幼儿制作《家园联系册》的经验为基础，借鉴《作品取样系统》中的档案收集方法而形成的，是具有我园特色的幼儿发展性评价体系的一部分。我园教师通常用插页文件夹存放幼儿的档案，便于教师随时存放及整理。

幼儿成长档案主要由以下几部分组成。

封面页：写明幼儿的基本信息，如姓名、所在园所和班级等。

幼儿信息页：此页的设置主要是为了帮助教师了解幼儿，可以涵盖幼儿的很多个人信息。

自画像：幼儿给自己所画的画像，教师记录幼儿绘画的过程（包括言语和非言语的动作、神情等）。自画像是一个非常好的可以考查幼儿语言、美术、自我认知等多方面能力发展的项目。而且，从纵向发展的角度看，对比幼儿几年来自画像的变化，也能反映出幼儿在多方面的发展轨迹。

核心项目：围绕幼儿发展指引各个领域中的一些特定学习目标所收集的代表作品。教师通常会从每个领域中选择两个核心目标来进行作品收集（关于如何确定核心目标，第二章会做详细说明），尽可能呈现幼儿的学习广度及表现幼儿的学习活动。

个人项目：指收集能够反映幼儿个体学习的情形，展现幼儿如何统整各领域学习的作品，以此体现一名幼儿的兴趣、才能、学习方式、重要成就以及跨领域知识的运用等方面的情况。

三、幼儿发展综合报告

幼儿发展综合报告（以下简称"综合报告"），是一种用书面文字的形式呈现在一段时间内幼儿表现及进步信息的文本资料。书写综合报告要求教师围绕幼

① 张慧：《作品取样评价系统在幼儿园的实践应用研究》，硕士学位论文，首都师范大学，2011。

儿在各领域的发展目标，基于对幼儿的观察、幼儿发展检核表及档案资料等信息，对每一名幼儿在各领域的表现及进步进行陈述。

综合报告不是要描述幼儿知道的所有事情，而是要分析、整合、归纳已有的发展性评价资料，传达幼儿在学习和发展上的表现及进步状况。在撰写综合报告时，教师可以问自己"是否传递了有关这位儿童学习状况的重要信息?"在综合报告中要描绘出儿童的个别性，而不是只列出一串技巧和知识。

在幼儿发展性评价的实践中，综合报告分为叙述版和标准版两种。叙述版综合报告针对幼儿在各领域内目标的达成情况进行整体概括的描述(见表1-14)，标准版综合报告是在叙述版的基础上增加了对幼儿发展的等第评价(见表1-15)。

表 1-14　叙述版综合报告

幼儿姓名：＿＿＿＿＿＿　　　　年龄：＿＿＿＿＿＿　　　　第一学期☐

教师姓名：＿＿＿＿＿＿　　　　日期：＿＿＿＿＿＿　　　　第二学期☐

园所名称：＿＿＿＿＿＿　　　　班级：＿＿＿＿＿＿

应出勤天数：＿＿＿＿＿＿　　　实际出勤天数：＿＿＿＿＿＿

领域	一级指标	幼儿的发展(幼儿的成长、特殊优点或才华、有困难之处、帮助幼儿发展的计划)
动作		
语言		
情绪与社会性		
数学		

领域	一级指标	幼儿的发展（幼儿的成长、特殊优点或才华、有困难之处、帮助幼儿发展的计划）
美术		

表 1-15　标准版综合报告

幼儿姓名：_____　　　年龄：_____　　　第一学期□

教师姓名：_____　　　日期：_____　　　第二学期□

园所名称：_____　　　班级：_____

应出勤天数：_____　　实际出勤天数：_____

领域	一级指标	表现				进步		综合评述：记下幼儿在每个领域的优点或才华，在表现部分选"需要加油"、在进步部分选"异于期望"的请说明原因，并描述未来帮助幼儿发展的计划。
		发展检核表		档案				
		符合期望	需要加油	符合期望	需要加油	符合期望	异于期望	
动作								
语言								
情绪与社会性								

第一章　概述

幼儿发展性评价手册

领域	一级指标	表现				进步		综合评述：记下幼儿在每个领域的优点或才华，在表现部分选"需要加油"、在进步部分选"异于期望"的请说明原因，并描述未来帮助幼儿发展的计划。
		发展检核表		档案				
		符合期望	需要加油	符合期望	需要加油	符合期望	异于期望	
数学								
美术								

备注：关于表格中"表现""进步"的说明。

①发展检核表："符合期望"指与发展指引中的指标比较，幼儿目前的表现程度达到或超过该年龄的期望，即大部分表现为"熟练"及"发展中"，非常少的"待发展"；"需要加油"指幼儿目前的表现程度不符合该年龄的期望，即大部分表现是"待发展"的，一些是"发展中"的，极少是"熟练"的。

②档案："符合期望"指与教师计划的课程目标相比，幼儿在核心项目及个人项目中展现的技能、知识、行为及成就符合或超过教师期望的标准；"需要加油"指幼儿在核心项目及个人项目中展现的技能、知识、行为及成就尚未达到教师期望的标准。

③进步："符合期望"指在一个评价周期中，幼儿在技能、行为及知识上的成长与发展合乎其个人进步的期望；"异于期望"指在一个评价周期中，幼儿在技能、行为及知识上的成长与发展低于其个人进步的期望，或超过期望。

总而言之，以上三个部分形成幼儿发展性评价的完整体系。发展检核表以国家标准为评价的依据，记录幼儿的发展，侧重检查幼儿能做到什么；档案以视觉的方式呈现幼儿作品的质量以及幼儿跨时间的进步，也体现地方课程、幼儿园课程和教师的期望，侧重检查幼儿是如何做的；综合报告将上述资料统整于一张简明的报告表中，重点呈现幼儿在各个领域上突出的表现、进步或需要更多关注的方面。在一学年中，教师需要对幼儿进行两个周期的发展评价信息收集，形成档案，并完成两次发展检核表评定和两个综合报告。教师运用发展指引及检核表进行观察，将幼儿的相关作品收集在档案中，最后通过分析幼儿发展检核表及档案形成综合报告。

第二章 幼儿发展性评价过程

我们将具体介绍开展幼儿发展性评价的基本过程，即幼儿发展性评价体系的三个部分——幼儿发展指引及检核表、幼儿成长档案、幼儿发展综合报告的使用方法。由于幼儿发展性评价中每个部分开始的时间、每个阶段的具体工作和结束的时间都不相同，各部分开展的顺序也不完全相互承接，所以为了让初学者对整个评价体系的使用方法有一个整体的把握，在第二章中我们先对幼儿发展性评价实施的基本过程和方法进行简介。之后的第三章至第五章我们将从各部分的作用和每个收集期不同时段需要做的事情两个方面具体说明每个部分的使用方法，并通过大量实践性例子帮助教师更好地理解每个环节的使用说明，轻松上手。

为了方便教师对幼儿发展性评价体系的使用方法有一个整体的把握，我们将发展性评价的 3 个部分——幼儿发展指引及检核表、幼儿成长档案、幼儿发展综合报告视作一个整体，按时间顺序列出每个收集期的六个实施步骤。

步骤一：选择一个领域，熟悉该领域的发展指引及检核表

幼儿发展性评价体系涵盖五个领域，每个领域都有自成系统的发展指引及检核表，再加上评价体系本身相对复杂的三个部分，对于新手教师来说既是知识上的挑战又是技术上的挑战。因此，我们建议教师们可以先从一个领域入手，随着对评价各部分使用方法的熟悉，再逐渐增加领域。渐进式的实施可以让教师有充足的时间熟悉单个领域的幼儿发展指引，为后续的教育教学提供更有力的支持，同时在尝试的过程中掌握评价体系的三个部分的使用方法，形成自己的使用技巧。

步骤二：建立档案，确定核心目标

为每个幼儿准备一个档案夹，打印和填写基本信息表，并开辟专门的区域摆放档案夹，方便教师和幼儿取放。在熟悉了发展指引之后，教师可以与班里及年级组的教师一起讨论，依据发展指引和园本课程目标确定该领域的核心目标，以便围绕核心目标收集档案。幼儿发展性评价的核心目标既要有一定的广度，包含一类相同的概念和技能，又要具体可行地展现幼儿过程性的进步，在接下来的章节中我们将具体介绍确定核心目标的原则。

步骤三：围绕检核表的发展目标和档案的核心目标开展教学活动

幼儿发展性评价作为一种过程与结果相结合的评价，旨在帮助教师了解幼儿在教室里的学习活动情况，以提供更好的支持促进幼儿发展。一方面，将发展性评价与课程相结合可以帮助教师在教学中进行评价，不增加额外的工作负担；另一方面，幼儿被评价的内容只有在教室中教过，才能体现评价的公平性。因此，围绕检核表的发展目标和档案的核心目标拟定教学计划，是顺利开展幼儿发展性评价工作的重要前提。在之后的章节中，我们将为教师提供部分体现发展目标和核心目标的教学活动以供参考。同时，为了方便使用，教师可以为自己建立一份教师档案，将评价所需的发展指引及检核表、教学计划、观察记录表格、观察笔记和任何有助于评价幼儿的资料放入其中。

步骤四：运用发展指引及检核表观察并记录幼儿的行为表现，对幼儿进行初步评等，通过改进教学和持续地观察幼儿的学习，在学期末重新回顾观察资料并完成正式评等

教师在根据上一步拟订的教学计划有规律地开展教学活动时，便可以有目的地对幼儿进行观察和记录。根据观察的目的和教学活动本身的特点，教师可以提前思考适宜本次活动的观察方法、观察时间和观察内容，设计出一些不同形式的观察记录表格，以便高效地捕捉到幼儿有意义的学习行为。在收集中期，教师可以根据积累的观察资料在检核表上对幼儿进行初步的评等，在学期末再根据后续收集的观察资料对初步评等进行修改和调整，做出最后评等。

步骤五：将档案收集与课程计划相联系，和幼儿一起有规律地收集作品并选择3幅代表作品放入档案中，通过对档案的分析调整教学，促进幼儿发展

与上一步骤将检核表与课程结合对幼儿进行观察一样，教师对幼儿作品的收集同样需要依据教学活动计划，在活动中进行。在幼儿大量的作品中，被选择的3幅作品应该能够代表幼儿的常态水平并体现其在一个学期的发展变化。在收集幼儿作品形成档案的过程中，评价与教学一直处于紧密协作的状态，教师需要依据教学计划在活动中收集评价信息，反过来评价本身对教学的反思也可以使教师调整和优化教学，以促进幼儿更好的发展。这一步与步骤四在时间上是并行的。

步骤六：在学期末，依据检核表和档案完成综合报告

根据在一个学期内幼儿发展检核表上的最终评等及档案资料，在学期末，教师需要为幼儿在该领域的发展状况做一个整体评价，用正面的语言肯定幼儿的进步，针对幼儿存在的困难提出接下来的教育措施，并与幼儿的家长一起分享。至此，教师便完成了一个学期幼儿发展性评价的所有工作。

如果将幼儿发展性评价三个部分需要做的事情分开，以时间顺序进行呈现，可以归纳为以下内容(见表2-1)。

表 2-1 幼儿发展性评价实施时间表

部分	实施时间		收集期结束
	收集期前	收集期	
检核表	1. 熟悉发展指引和检核表； 2. 进行方法和经验的准备。	1. 依据检核表规划课程； 2. 观察、记录、诠释； 3. 初步评等。	整理观察资料，做出正式评等。
档案	1. 建立档案夹； 2. 确定核心目标； 3. 拟订收集计划。	1. 围绕核心目标规划活动； 2. 收集、选择、分析作品； 3. 依据分析调整教学。	与幼儿和家长分享。
综合报告	—	—	回顾检核表和档案中的所有资料，做出评等，撰写评语。

　　幼儿发展性评价在每学期进行一次，即每个学期为一个收集期。在收集期内的时间分段没有明确的限定，可以根据幼儿园自身的时间来安排。如果教师在幼儿开学前有足够的时间做准备，收集期前期的工作可以放在这段时间内进行；如果准备工作是从幼儿开学时开始进行的，可以用 3~4 周的时间来做。通常情况下，收集期要占一个学期的大部分时间，当然前期的准备和后期的总结工作同样重要。如果一个学期 5 个月，收集期要占到 3 个月，前期的准备工作和后期的总结工作各占 1 个月。

第三章　幼儿发展指引及检核表

第一节　发展指引及检核表的作用

一、聚焦观察，为教师观察幼儿学习行为提供系统的框架

每天幼儿在教室中都进行着大量的活动，在他们众多的活动中哪些行为包含重要技能的发展、哪些语言包含重要概念的获得，不仅需要教师进行细致的观察，更需要用专业的眼光来发现和甄别，而幼儿发展指引及检核表便可以引导教师明确需要观察和评价什么。此外，幼儿发展性评价体系中的发展指引及检核表是我园以《幼儿园教育指导纲要（试行）》为指导，借鉴《3—6岁儿童学习与发展指南》，结合我园的课程实践及教师的大量建议和意见，经过反复讨论、修改最终形成的一个相对比较完整的科学评价体系。因此，发展指引及检核表为教师系统地获得幼儿学习和发展的信息提供了保障。

二、指导教师对幼儿发展的相关资料进行诠释，赋予意义

幼儿发展性评价中的发展指引描述了我们对不同年龄段幼儿学习和发展水平的合理期望，详细地介绍了不同年龄段幼儿在各领域能够达到或表现出来的基本能力和成就的水平，以及幼儿在该年龄段的典型活动特征及具有代表性的活动实例。当教师借助发展检核表收集到对幼儿的观察记录、作品等相关资料后，便可以依据发展指引对这些信息进行分析和诠释，了解幼儿活动背后的发展意义，即他们已经知道或可以做到些什么，以及还有哪些不知道或没有做到的，需要我们下一步提供怎样的帮助。在这里需要注意的是，同《3—6岁儿童学习与发展指南》提出的初衷一样，幼儿发展指引及检核表并不是衡量幼儿能力的标尺，而是对幼儿学习和发展的合理期望。关注幼儿的进步，尊重幼儿个性化的学习和表达方式，以评价改进教学并促进幼儿发展是实施幼儿发展性评价最初的也是最重要的目的。

三、帮助教师系统规划课程，并根据幼儿的进步调整课程以呼应幼儿发展的个别化需求

幼儿发展性评价是依据我国学前教育领域的国家纲领性文件，整合大量已有研究成果，结合我园课程实践，历经不断试测和修订后形成的较为成熟的评价体系。因此，幼儿发展性评价中的发展指引符合我国国家课程标准和儿童发展研究的普遍成果，对多数幼儿园的课程实践都具有指导作用。在幼儿发展性评价中检核表的发展目标涵盖了各个领域内重要的知识和技能，可以有效地帮助教师规划课程，也可以随时提醒教师是否关注到课程中的所有领域，以及幼儿在某一领域所有重要技能和知识的发展，而定期使用检核表也可以帮助教师不遗漏对任何一个幼儿学习和发展的关注，进而依据他们发展的需求进行个别化指导。

第二节　发展指引及检核表的使用方法

一、开始之前

（一）熟悉发展指引

熟悉发展指引是开展幼儿发展性评价工作的第一步。对于刚接触幼儿发展性评价的老师来说，熟悉发展指引可能会花较长的时间，但这样的知识储备是非常必要的。之后的规划课程、诠释观察资料、做出等级评定、分析幼儿作品和撰写综合报告，每个环节的有效进行都离不开发展指引的支持。万事开头难，从我们几年的研究实践来看，即便是经验丰富的教师，靠自己的力量一次记住一个领域的所有发展指引内容也不是很容易的事，因此接下来我们将介绍一些小技巧帮助教师更高效地熟悉发展指引。

1. 常看常用

前面我们提到，在开始开展幼儿发展性评价时，教师可以先选择自己熟悉的一个领域。教师可先通读一个领域所有年龄段的发展指引，在有整体印象之后再精读自己所带年龄段幼儿的发展指引。为了方便使用，教师可以将该年龄段幼儿的发展指引单独抽出，备于案边，在写学期计划、月计划、周计划和活动教案时随时参考，每使用一次，教师就会对发展指引加深知识和理解。

2. 与同事讨论

幼儿发展性评价工作的开展离不开班级所有教师的通力协作。尤其在观察幼儿活动和收集幼儿作品方面，教师间的相互配合能大大提高工作的效率，保证评价工作的有序开展。共同学习发展指引能帮助教师在交流中对发展指引的理解达成共识，增添更多代表幼儿发展活动的例子。在实践中这一点尤为重要，如果在前期没有经过讨论并达成共识，不同教师对发展指引中的目标可能会有不同的理解，收集来的例子可能就会不符合发展目标。例如，在实践中我们发现，一些中班教师在收集"愿意谈论自己感兴趣的话题"这一发展目标的资料时，收集了幼儿与同伴、教师的很多谈话，但这些谈话并不能代表幼儿在感兴趣话题上的交流。例如，在午餐时教师询问幼儿为什么不吃菜，幼儿回答不爱吃，教师分析了幼儿不爱吃菜的原因；在区域活动时一名幼儿请求另一名幼儿的帮助，被拒绝后再次请求得到了同意，教师分析了幼儿帮助行为的原因。显然，收集资料的教师只关注到要收集幼儿谈论的话题，没有充分理解目标所提到话题的具体所指。从这一点看，与同事共同学习、研讨发展目标是班级有效开展评价活动的必要前提。

3. 贴便笺

为了把发展指引最大限度地可视化呈现，我们建议教师把各个领域的发展指引张贴到教室的相应活动区内，如美术领域贴到美工区、语言领域贴到语言区等。如果班里的活动区除按领域分之外还有更细致的分类，我们建议教师从发展指引中找到可依据的内容贴到相应的区域内，如把语言领域"读"的目标放到阅读区、把"写"的目标放到书写区等。除此之外，教师觉得在教室中可能出现幼儿重要知识和技能的区域，都可以贴上相应的发展指引。将发展指引剪贴，可以随时提示教师关注教室中发生的重要的幼儿学习活动。

(二) 了解观察记录的目的和方法

使用幼儿发展检核表进行评价最主要的方法是观察法。通过仔细地观看、倾听和研究幼儿，教师可以了解幼儿已经知道了什么及如何知道的。在这里，观察不是狭义的"看"，而是一种广义的获得信息的方式，在观察的过程中教师不仅需要用眼睛去看(动作、表情、姿势)，也需要用耳朵聆听(语言、对话)，同时需要收集和研究幼儿的作品(美术作品、纸张作业、记录单、新闻播报稿等)。

以下是一些应用观察来了解幼儿的方法[1]：

• 当儿童游戏、使用材料或与其他儿童一起工作时教师应注意观看；
• 在儿童描述自己如何做决定及解决问题时教师应仔细聆听；
• 在儿童与别人进行非正式的聊天或集体讨论时教师应仔细聆听；
• 问问题，鼓励儿童描述他们的思考；
• 与儿童谈话，讨论他们的作品；
• 收集和研究幼儿作品(实物和拍照)。

基于活动过程的观察不仅可以使教师了解到幼儿已经知道些什么，还包括他们是如何知道的，即他们思考及学习的历程，例如：

• 这个孩子是采用怎样的步骤和方法做这件事的；
• 这个孩子是如何使用语言来表达自己的思考的；
• 这个孩子通常用什么方式来表达(绘画、口语、肢体语言等)；

---

① ［美］马戈·迪希特米勒、朱迪·雅布隆、阿维娃·多尔夫曼等：《作品取样系统：教室里的真实性表现评价》，廖凤瑞、陈姿兰译，南京，南京师范大学出版社，2009。

- 这个孩子是如何使用材料的；
- 这个孩子与他人的社会互动如何；

......

与观察方式相对应的，一个真实有效的记录可能涉及：

- 对动作的描述；
- 引用所说的话；
- 对姿势的描述；
- 对面部表情的描述；
- 对创作过程的描述。

这里所提到的描述即教师实际看到和听到的事实，而不是经过主观加工后的概括和诠释。例如，下面两个例子呈现出的便是教师的主观印象而非对幼儿行为和语言的客观描述。

例1：2014年3月12日，在晨间新闻播报的时候，佳佳清晰流畅地将自己从家中带来的新闻向小朋友进行了播报。

例2：2013年6月15日，工作结束后，明明和强强能够一起很好地收拾积木区。

在例1中教师用"清晰流畅"形容了佳佳播报新闻的情况，在例2中教师用"很好"形容了两名幼儿合作收拾积木的情况。这两个观察记录都传达的是教师个人主观的判断，而非客观的事实。不同的评价者对形容词所传达的程度有不同的评判标准，在这里教师先入为主地用自己的标准做了结论，而关于佳佳语音、语句的使用以及在集体面前播报的情绪状态等信息我们不得而知。同样明明和强强如何合作、是否有交流、以什么方式收的积木等具体信息也没有呈现出来。

在有些情况下，形容词还可能会让我们忽视对幼儿本身活动的关注，而对幼儿的活动状态造成误判。

例3：2014年5月7日，在教室中，小月选择做"世界地图"的纸张作业。在剪的环节，开始他还能认真地剪，但是在遇到很小的连接边时，他不是剪断，就是剪错。

在例3中，教师用"认真"形容了小月"剪"的活动，而后面描述小月在遇到小的连接处时会剪断、剪错，这容易给阅读者留下小月"不认真剪"的印象。因为前面的"认真"一词并没有呈现出小月剪的材料的特点和手部动作，而后面也许并不是他主观不认真，可能仅仅是因为任务变难了。所以说，教师的主观判断很容易引导我们关注幼儿的"态度"而非幼儿真正遇到的困难。

此外，形容词描述的是一般状态，难以体现出幼儿不同的行为表现。

例4：2014 年 11 月 12 日，庆庆在美工区时，听说要进行自画像的活动，她特别开心。

例5：2014 年 11 月 12 日，庆庆在美工区时，听说要进行自画像的活动，她笑着对我说："张老师，我能画一张自己的画像吗？我还从来没有画过我自己呢！"

在例5 中，教师不仅描述了庆庆在听到活动后的状态"笑"，更通过引用她的语言让我们了解到是庆庆自己主动要求参加活动的，她参与活动的动机是"她从来都没画过自己"。而在例4 中教师仅用"特别开心"形容了庆庆在参与活动时的情绪状态，我们看不到庆庆参与活动的方式和原因。

因此，教师在对幼儿的活动进行观察记录时，要尽量做到"白描"，客观地描述自己所看到的幼儿行为和所听到的语言，避免使用形容词和概括性的语言。客观的描述可以为教师依据发展指引诠释幼儿活动提供原始的资料，避免教师先入为主地做出主观的判断，从源头保证了评价的科学有效性。

要做到敏锐地观察和客观地记录，需要教师在实践中逐渐把握。在下面收集期的观察、记录环节中，我们将为教师列举出一些好的和需要避免的案例，帮助教师明确观察和记录的具体操作方法。

二、收集期

为了及时积累和收集较多的幼儿发展信息，我们建议教师在开始收集前准备一个档案夹用于存放以下资料：

- 发展指引及检核表；
- 各种活动计划(学期计划、周计划、教学活动计划、区域活动计划等)；
- 所有观察记录(记录便笺、设计好的记录表格等)。

此外，我们也建议教师在电脑上建立专门的电子文件夹，存放记录幼儿发展信息的照片、音频和视频资料，并及时备份，以免丢失。

(一)规划观察的内容与方式

在收集期前，教师在熟悉发展指引及检核表的同时就可以规划出一个学期大致的课程内容，以便将检核表的发展目标与日常班级活动相联系。在这一阶段，教师则可以将学期计划进一步细化，决定每月、每周课程的重点，以及需要从幼儿的活动中观察了解什么。在确定好观察的内容后，教师要根据班级活动的不同种类来规划观察的方式。比如，在区域活动中以行动外的方式观察幼儿活动，在集体活动中请其他教师协助观察自己在行动中与幼儿的互动，在行动后或一日活动结束后以回顾的方式简短记录幼儿活动情景，等等。

（二）确定记录的方式

观察记录的方式取决于教师观察的目的及教师可支配的用于观察的时间。如果教师想了解幼儿如何探索材料、如何与同伴交流感兴趣的话题、如何在实际情境中解决问题等，便需要用描述性的记录方式。但如果教师只想了解幼儿是否经常在美工区涂涂画画、粘粘贴贴，是否在集体活动中能做到主动回应、积极发言，是否愿意尝试在数学区新投放的教具，对数学问题是否感兴趣等，便可以通过表格勾画、简单备注的方式进行记录。同样，教师在与个别儿童互动时可以有精力较详细地记录幼儿活动的过程，但在组织集体活动或需要关注区域活动的整体情况时，就最好选用打钩的方式进行记录。以下我们介绍教师常用的三类记录方式并举例说明。

1. 描述性记录法

（1）简短笔记

简短笔记是教师用几个关键性的词语或简短的句子快速记录幼儿活动状况的方法，可以用来事后提醒教师在活动中发生了什么。

例6：2015年1月10日，尘尘在完成颜色分类活动后，自己发现不对，调整两次后正确。

例7：2015年12月14日，在玩具分享活动前，之牛看了两次墙上的表，第三次对我说"指针就像一个老太太，走、得、特、别、慢！"拖着语调。

这两则观察记录虽然简短，但记录了幼儿活动的重要过程和关键语言，为教师分析幼儿活动提供了有效信息。例6反映了尘尘在活动中遇到问题后能自己发现和不断解决，体现了较好的专注性和坚持性，但他对分类的概念仍有一些模糊，需要巩固。在例7中，之牛看表的次数反映了他对玩具分享活动的期待，形象的比喻反映了他语言的丰富性。

简短笔记的记录方式还可以帮助教师在短时间内高效地收集到多名幼儿的活动信息，如下面的例8，教师为了了解幼儿对新投放的玩具"数字对应套圈"的操作情况，进行了观察和简短笔记的记录。

例8："数字对应套圈"的操作情况。

8:35——程程，在从1到5的柱子上分别放上不同颜色的套圈，我建议他数一数每一种颜色有几个圈，他就用手指着数且都数对了。

8:38——秦秦，在把套圈放到柱子上的时候放反了红色和黄色。

8:50——宁宁，先把套圈从柱子上按照从1到5的顺序取下来依次排放，又从5到1放回柱子上，一边放一边说："蓝色在第二。"之后她发现蓝色只有一个，就把它放在"1"的位置上。

8:53——知仪，把套圈从1到5取下来放成几摞，然后又从1到5把套圈放回去，但每个柱子上的套圈有多种颜色。我说："原来每一个柱子上只有一种颜色，现在有好几种颜色了，你为什么这么放呢?"知仪："我喜欢花的。"

9:56——小羽，先把套圈一一取出，又按照从1到5的顺序放回柱子上，结果只有4全是橘黄色的，其余的颜色和数字都不对应。

9:10——果果，把柱子上的套圈都取下来，开始在一根柱子上放，结果放到上面就掉下来，于是他把套圈往其余的柱子上放，但颜色是混合着的。

(2)逸事记录

逸事记录是教师对某一时间、地点和环境下发生的幼儿行为进行持续的客观描述。通常教师需要当场做一些简短笔记，事后再增添细节。

例9：之牛选了红色的丝带和蓝色的泡沫纸来制作圣诞袜，告诉我他用的是"擎天柱"(变形金刚中的角色)的配色。第一次他在金色即时贴纸上画了一只恐龙，剪下来贴在圣诞袜上。但彩笔画在光滑的即时贴上的画线一蹭就掉了。他用手摸了摸蹭没的画，又在即时贴上画了一遍，但还是蹭没了。这次他放弃了这种纸，去美工区取来彩色A4纸，画上恐龙再剪下来贴在了圣诞袜上。之后，之牛用了近10分钟的时间尝试用鱼线穿上彩色珠子粘在圣诞袜上，因为粘不牢掉了3、4次，每一次都得重新穿，但他没有放弃，最后他请邹老师帮他按住线，自己用透明胶条粘了3层，粘住了鱼线。做完后他拿着作品对我说："胡老师，给你个大惊讶！看，这是我穿的珠子！这是翼龙，这是雪花。这是邹老师帮我写的字。后面还有，也是恐龙和雪花。"

在这则观察中，教师较详细地记录了幼儿探索美术材料的过程，通过尝试，之牛发现了即时贴光滑不适合画画的特点，并且在粘珠子时他能坚持反复尝试直到达到自己满意的效果，从他的语言中我们了解到他选择材料的原因和审美偏好。在完成后主动介绍给老师，表现了之牛在完成作品后的满足和成就感。

例10：墨墨和翡翠在地毯旁玩一筐拼插玩具，两人没有交流，但会不时停下来看对方的作品(都拼的是艾莎的长发)。墨墨在完成拼插的作品后，把它戴到头上，看我正在看她，便笑着对我说："艾莎的头发就是这么长！"我说："真好看，颜色也是这样的吗?"墨墨说："对，就是蓝色的，还有一点儿黄。"

"你很喜欢艾莎吧?""当然啦,艾莎很漂亮还有魔法。"(翡翠一直默默地看着我们俩)这时墨墨站起来笑着说:"我看看站起来能到哪儿……已经到地上了!""翡翠,你看我的都拖地啦!"翡翠笑着说:"我的也快了。"说着也戴上站了起来,"我们看看谁的更长吧?"墨墨点点头,很高兴地同意了。

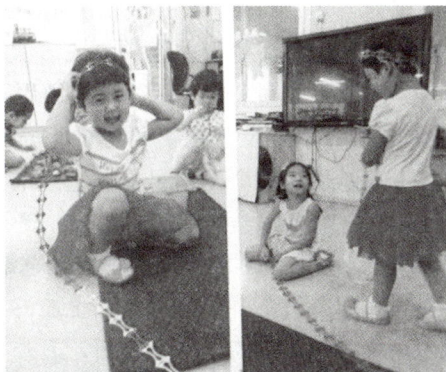

　　在这则观察中,教师对幼儿间的互动情况及语言交流进行了详细的记录,为了解幼儿表达想法的主动性、完整清晰性提供了丰富的信息。墨墨和翡翠都愿意和别人交流自己的想法,但谁都没有主动地发起交流,直到老师的介入,两个孩子才围绕共同的兴趣展开了话题和互动。

　　需要指出的是,持续性的客观记录并不代表教师需要记录幼儿所有的动作和语言。一些重复的信息、可以在作品中看出的信息、不能反映观察目的的信息都不需要以文字的方式呈现。下面我们就以案例分析的方式,说明几种在书写逸事记录时需要避免的常见误区。

　　例11:那领拿了一盒水彩笔和一张小熊图纸坐到桌边开始了涂色,从小熊的腿部开始。

　　取黄色水彩笔涂右腿的一部分,把笔盖盖好放回笔盒。

　　取橘色涂身体,只画了几笔,把笔盖盖好放回笔盒。

　　取紫色涂领结,专注地全部涂满,把笔盖盖好放回笔盒。

　　取蓝色涂胳膊,涂满,把笔盖盖好放回笔盒。

　　取橘色涂右腿,涂满,把笔盖盖好放回笔盒。

　　取黄色涂右腿的空白部分,涂满,把笔盖盖好放回笔盒。

　　取橘色涂身体的空白部分,涂满,把笔盖盖好放回笔盒。

　　取黄色涂脸,说"这样好看",涂了几笔发现笔的颜色没有了,找老师,"老师,这个笔没有颜色了。"老师建议换一盒,那领把原来的笔收回到柜子里,拿出新的水彩笔,取黄色用左手涂脸部,涂完,把笔盖盖好放回笔盒。

　　取绿色用左手涂右耳朵,并转动图片,方便涂左耳朵,把两个耳朵涂满。

那领在听到音乐时有一些犹豫，我问："怎么了？"他回答："还没画完。"我说："你明天可以继续画呀！"那领笑了笑点头："嗯。"于是收笔和画。

在这则观察中，教师像录像机一样再现了幼儿的所有动作和语言，极大地增加了自己的记录工作量。其实这则观察可以很简短。一些重复性的动作用次数表示即可，记录可以改为"每一次画完，那领都能把笔盖盖好放回笔盒里"。一些可以从作品中看出的信息，不需要以文字的方式多次描述。比如，作品中呈现出了小熊各部分的颜色，观察过程可以写为"那领用不同颜色的水彩笔涂满了小熊身体的各部分"。一些不能反映发展目标的信息，如那领在涂色时先涂哪儿后涂哪儿并没有明确地指向某个发展目标，记录的信息就没有分析的价值，可以不用记录。

例 12： 轩轩拿起画笔，在白纸的下方画了一条黑色的线，将画面一分为二，又在线的下方画了两个圆和两条斜线，在线的上面画了三个圆柱，在圆柱上方画长的波浪线，在波浪线的上方画了一个椭圆，在椭圆上方画了三条竖着的波浪线，在椭圆的右侧画了一个横着的圆柱，在圆柱上靠右的地方画了一个小的椭圆形。在白纸的上方画了一个半圆，又在半圆下方的中间位置画了一个梯形。画好后将画面涂上色。

我在灶台上见过火。

同样是美术活动，如前面我们举的之牛制作圣诞袜的例子（例 8），如果仅看最后的作品并不能获得幼儿在制作过程中不断探索材料的信息；但在例 12的活动中，教师对幼儿创作过程的记录在作品中完全可以看出，便不需要再用文字记录。此外，在对之牛制作圣诞袜的观察中，教师的观察目的是希望获得幼儿"能探索不同艺术材料的特质，萌发出表现意图"的信息，所以过程性的记录必不可少；但在这个活动中教师希望获得幼儿"能用美术形式有目的地表达自己的感受和经验"的信息，对作品和幼儿经验的关注才是观察的目的，创作过程并不能反映观察的目的。这一点尤为重要，并不是所有的观察记录越翔实越好。前面我们提到记录的方式取决于观察的目的和教师可支配的时间，如果记录不能为观察目的提供有用的信息或占用教师很多的时间，便不是教学中有效的观察记录方式。

例13：小奇取来十字花形嵌板在纸上拓了一个十字花形，又调转嵌板的方向，在45度角的方向又拓了一个十字花形。然后取来彩色铅笔进行涂色，在涂色的时候她很小心，先是慢慢地将轮廓的边缘涂上自己喜欢的颜色，然后在中间的地方大面积用笔涂色，以此保证又快又不会涂出边。涂好后，小奇用尺子将小花的尖尖处两两相连，使小花的内部出现了一个八边形，在小花的中间八边形的位置上用尺子沿着对角线连上直线，将八边形分成均等的8个小三角形，由于在画的时候有误差，因此中间出现了一个小小的三角形，她将三角形涂黑，并在其余空白三角形处写上自己想写的字。完成后，小奇端详了一下后，在花边形周围有规律地写上其余自己会写的字，之后心满意足地去印名字了。小奇又取来一张图形小书的纸，按照之前的方法，在纸上拓了一个相同的小花图案，但是这次没有上色，而是在每个空出来的位置上写下了英文字母和一些人的名字，包括自己的名字，还有妈妈的。端详了一会后，小奇又在花的正中位置画上了一个小朋友和一条毛毛虫、两朵小花，最后在花形的下面添上了小花的茎和叶。

在上面的观察中，有一部分的文字记录可以在幼儿的作品中看出来，如涂成黑色、写上字，画上小朋友、毛毛虫、小花等，无须再以文字的形式呈现出来。在这里，教师只需记录在作品中体现不出来的过程性信息，如小奇是如何使用十字花形嵌板的、如何涂色的、如何使用直尺连接图形的。幼儿在介绍作品时补充的一些信息，教师可以用批注的方式记录在旁，如小奇介绍这些文字中的一部分是昨天妈妈新教给她的字，另一部分是她喜欢的班上小朋友的名字。

2. 取样记录法

取样记录法是与取样观察法相对应的记录方法，一般包括时间取样和事件取样两种方法。

（1）时间取样

时间取样是教师在固定的时间内记录幼儿活动行为的一种有效方法。表3-1呈现的便是一名教师在一日活动中的不同时间段进行有目的的时间取样，对幼儿语言活动的观察记录情况。

表 3-1 时间取样：幼儿语言活动的观察记录表

班级：中一班　　　姓名：苏××　　　日期：2014 年 6 月 27 日　　　记录教师：王韫

时间	活动环节	活动情况		
7:40—8:00	晨间过渡环节	选择图书	互动伙伴	看书时间
		—	—	—
8:30—9:00	集体活动	更愿意倾听，没有主动举手回答问题。		
10:00—11:00	区域活动	选择区域	与同伴互动	分享环节
		数学区俄罗斯方块	无	没有分享自己的记录单
11:45—12:00	午饭后过渡环节	选择图书	互动伙伴	看书时间
		《你真好》	无	15 分钟
14:45—15:10	集体活动	表达了自己喜欢的玩具，如"恐龙""平板电脑"，但是当教师请他说明原因时，他没有说出来。		
16:40—17:00	离园前过渡环节	选择图书	互动伙伴	看书时间
		《赛车总动员》	李××边讨论边看，话题始终围绕此书。	15 分钟

(2)事件取样

事件取样是教师在不同时间段对需要观察的幼儿特定行为进行记录的一种方法。例如，表 3-2 是一名教师对班里的幼儿在一周内选择美工区及参与美工区活动情况的观察记录。

表 3-2 事件取样：幼儿选择美工区活动情况的观察记录表

班级：混龄六班(中班组)　　　　　　　记录教师：张艳艳

姓名	日期	美工区	所选活动个数
崔××	周一	√	1
	周二	☹	
	周三	√	1
	周四	☹	
	周五	√	1

姓名	日期	美工区	所选活动个数
李××	周一	√	1
	周二		
	周三	√	2
	周四	√	1
	周五		
张××	周一	√	1
	周二		
	周三		
	周四		
	周五		

备注：⊗表示幼儿今天请假。

对于大班幼儿，教师可以设计表格让幼儿自己勾画出每天选择活动区的情况，再从中选取需要的信息。表3-3便是一名教师设计的区域活动统计表，在幼儿勾画完后，教师从中选取了幼儿选择图书区和语言区的信息。

表3-3　事件取样：幼儿自主区域活动统计表

表3-4是教师为了收集幼儿自发绘画活动信息所设计的记录表格，展现了

幼儿参与特定美术活动的相关信息。

表3-4 事件取样：幼儿自选绘画活动的观察记录表

班级：中三班 　　　　　　　幼儿姓名：李××　　　　　　　记录教师：张冉

日期	主题	材料	参与时间	备注
9.9	公主	水彩笔	15分钟	较快完成作品，模仿旁边幼儿。
9.25	公主	水彩笔	20分钟	和上次的作品基本一致，这次涂了颜色。
10.12	公主的房子	水彩笔	30分钟	独立完成，为公主画了房子，描绘了公主的裙子的细节。
10.16	公主和王子	彩铅	10分钟	根据刚才在感官区用精致积木拼摆的宫殿，画了公主的城堡，并增添了王子的形象。

表3-5是一名教师在美工区投放油泥材料后，为收集幼儿探索油泥活动情况所设计的观察记录表。

表3-5 事件取样：幼儿探索油泥活动的观察记录表

班级：小三班 　　　　　　　日期：2015年5月22日　　　　　　　记录教师：胡玥

幼儿姓名	使用工具	辅助材料	使用方法	创作主题
露露	小木棒	废旧彩笔盖	先将油泥塞到彩笔盖中，再用小木棒抠出。	反复做，刚开始没有明确目的，最后将抠出的5个蘑菇形油泥命名为"小蛋糕"。
悠悠	无	无	分割、搓、压扁、团圆、捏合。	在开始做时告诉我她想做一个鸟窝，最后用多种方法，做了一个盛满鸟蛋的鸟窝。
上上	剪刀	无	戳	无
莫莫	无	吸管、瓶盖	将油泥塞到不同大小的瓶盖里，插上吸管；或将不同颜色的油泥塞到粗的吸管里。	反复塞，刚开始没有明确意图，完成后告诉我做的是冰激凌和糖葫芦。
之牛	木质分割刀	吸管、卡纸	分割、组合、搓。	将油泥切成一块一块的方形，说要为昨天搓的蜗牛盖一个房子，在搭门梁时遇到了困难。
……				

3. 等级评定法

等级评定法是教师事先对幼儿活动的表现水平拟定不同的等级，在观察的基础上仅需对幼儿活动属于哪个等级进行记录的方法。例如，根据幼儿在数学区的投入程度，教师设计了表 3-6。

表 3-6　等级评定法：幼儿在数学区活动的投入程度的观察记录表

班级：大一班　　　　　　　　日期：2015 年 9 月 28 日　　　　　记录教师：胡晋

幼儿姓名	活动项目	很投入	较投入	一般投入	不投入
何××	自然测量	√			
金××	10 的分解		√		
丰××	排序		√		
……	……				

备注：

【很投入】反复试验，具有目的性的思考，遇到问题能坚持，主动寻找解决的办法，持续时间长，不受外界干扰。

【较投入】对活动感兴趣，在遇到问题时会尝试解决，但坚持性不够。

【一般投入】被动完成任务，在遇到问题时放弃努力，易受外界干扰。

【不投入】不感兴趣，做其他事，发呆。

(三) 准备观察记录的工具

1. 小笔记本

纸笔可以说是最原始的记录工具了，在这里我们特意强调了笔记本的大小，是因为我们希望在篇幅上能对教师的记录字数有所限制。在观察记录前，教师要对自己实际的观察记录量有一个合理的期待，不论是在行动中还是行动外，教师不可能记录下幼儿的所有活动和说过的每一句话。因此，我们建议教师简短地记录幼儿做了什么、用什么方式、活动的状态、说过的关键语言以及最后的结果即可。

2. 便笺纸

自带胶性可撕贴的便笺纸可以方便教师随时记录，随时粘贴在幼儿的档案中。

3. 相机

相机是记录幼儿活动的最有效的辅助方式。幼儿的立体作品、大尺寸的平面作品、活动的精彩瞬间，都可以用相机记录下来。在实践中我们也发现，有图片匹配的文字叙述更让记录更加生动，具有画面感和真实性，也可以帮助教师事后更好地分析幼儿的活动和行为。

4. 录音笔

录音笔可以帮助教师详细地记录下幼儿所说的话，甚至可以在教师不在场的情况下完成记录，为一些反映幼儿语言和语言思维发展的学习目标提供翔实的信息。不足的是，音频转录成文字的工作量比较大，若非必需，只保留音频文件即可，也可以借助于能将音频转录为文字的软件来提高工作效率。

5. 摄像机

在对某个幼儿或某个活动进行有针对性的观察时，我们建议教师采用摄像机来记录下活动的整个过程，以方便教师通过回放来反复研究幼儿或教学活动。

6. 观察记录表

评价的收集工作并不等同于教师大量的文字记录工作，根据检核表中的发展目标，教师有目的地设计不同的观察记录表格，同样可以高效地发现幼儿的学习和进步，如前面我们所列举的一些观察记录表格，都是教师在评价实践中根据观察记录的目的自己设计的收集信息的表格。

7. 领域记录表

领域记录表是将检核表中的评价等级一栏去掉，专门记录幼儿在相应目标下学习活动的记录表。教师在初次尝试幼儿发展性评价时，如果对幼儿发展指引还不太熟悉，可以选用领域记录表来聚焦对幼儿活动的观察。领域记录表分单个领域和多个领域，我们建议先使用单个领域记录表（如表3-7），在熟悉了领域内的各项发展目标后，可以使用较概括的多领域发展记录表（如表3-8）。

表3-7　3～4岁幼儿语言发展记录表

班级：小一班　　　　　　　　观察教师：张艳艳

一级目标	二级目标	胡××	王××	张××
听	在别人讲话时能用眼睛看着对方	9月12日：看着老师主动说"早上好！"	……	……
	能听懂日常会话	10月12日：对于"请女孩子先去喝牛奶"，可以听懂、做到。		
	能依从两个步骤的指示行事	9月15日：在户外活动后，会按老师的要求先摆好小车、再排队。		
	能注意到他人语气语调的变化	9月15日："老师，夏夏跟我说不好听的话，很生气地说！"		
说	愿意在熟悉的人面前说话	9月16日：在离园时，主动和豆豆妈妈打招呼。		
	能用语言表达自己的需要和想法，必要时配以手势动作	10月20日："我今天想扎一个麻花辫，就是这样、这样、这样的三个辫子。"边说边用手比画。		

一级目标	二级目标	胡××	王××	张××
说	能够说由3个或3个以上词组成的句子	10月10日："张老师，我找不到衣服的袖子，你帮我弄一下。"		
	口齿比较清楚，能让他人听清听懂	9月20日："张老师我想告诉你，我家小米盒子里能播好多好多动画片，你想来我家看吗?"		
读	经常要求成人讲故事、读图书	9月28日：在离园时，主动要求妈妈在阅览室里讲故事。		
	能看懂一些图书的画面内容或者会猜测、提问	10月25日：喜欢看《好饿的小蛇》，能根据画面讲述故事。		
	能意识到图书上的文字和画面是对应的	10月25日：拿起《大卫，不可以》这本书指着题目问我是什么。		
	良好的阅读习惯	9月14日：过渡环节在阅读区玩手偶，没有看书。		
写	喜欢用涂涂画画的方式，表达一定的意思	9月15日：涂鸦，没有明确地表达意图。		
	尝试正确握笔	9月20日：在画画时，能基本正确地握笔。		

表3-8 中班幼儿多领域发展记录表

班级：中三班　　　　　　　　　观察教师：胡玥

领域	闵××	李××	郭××
语言(听、说、读、写)	2015年12月5日 在刚介绍完区域活动后，询问老师区域活动的内容。	……	……
美术(感受与欣赏、表现与创造)	2015年1月20日 在白菜花写生中画出了白菜花旁凋零的花朵、白菜花根和水罐中的水滴等细节。		

领域	闵××	李××	郭××
数学(数与运算、规律与关系、量与计量、几何与空间、运用数学知识解决问题)	2015 年 12 月 20 日 在小剧场活动中，能按照自己的电影票(第 3 排第 8 座)找到自己的座位。		
…………			

(四)观察、记录、诠释

1. 观察

要保证观察和评价对幼儿是公平有效的，教师必须明确一点，即幼儿被评价的内容必须是在课堂上教过的。如果幼儿因为没有接触过相关的技能和知识，而被评为较低的发展水平是不公平的。此外，教师还必须明确"即使儿童没有在你所选择的特定情境下展现某项技巧，并不等于他不具备该技巧。教师的责任便是要在教室中提供多样的经验，让学生有机会展现他们的成就、完成工作。"①因此在正式观察前，教师一定要核实一个问题，即"我是否已经将发展指引及检核表的学习目标与课程计划相结合，转化为班级的日常活动或经验？"下面我们就以一个实例来说明如何将发展指引中的目标转化为班级日常活动，为幼儿提供多样的学习机会。

一名小班的教师在拟订周计划时，希望对幼儿"按物点数 5 以内的物品并理解数的实际意义"的能力进行观察，便设计了一节集体活动"数豆豆"来帮助幼儿尝试手口一致地点数 5 以内的数。在幼儿有了基本的点数经验后，教师又在区域中投放了贴草莓、插花、小鱼回家等教具(见图 3-1)，进一步激发幼儿对点数活动的兴趣，帮助幼儿丰富 5 以内点数的经验，还通过"蝴蝶与花"的纸张作业来记录幼儿的相关学习情况。除了正式拟定的集体活动和区域活动计划之外，教师也可以提前思考一下："在一天当中，什么时候、哪些环节、哪些日常活动最有可能渗透这些学习目标？"以便为自己之后的观察做好准备。比如，在区域活动时数一数同桌有几个小朋友，在午点时请幼儿为大家每人分 5 瓣橘子，在户外请幼儿玩"采蘑菇"的体育游戏……让幼儿不仅能丰富点数 5 以内数量的经验，也能在实际生活情境中真正理解数量的意义。

---

① [美]马戈·迪希特米勒、朱迪·雅布隆、阿维娃·多尔夫曼等：《作品取样系统：教室里的真实性表现评价》，廖凤瑞、陈姿兰译，44 页，南京，南京师范大学出版社，2009。

(a)教具：贴草莓　　　　　　　　　(b)教具：插花

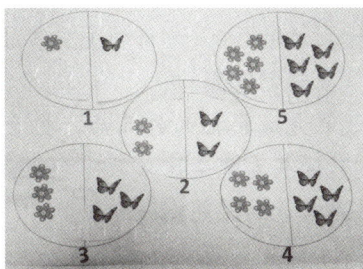

(c)教具：小鱼回家　　　　　　　　(d)纸张作业：蝴蝶与花

图3-1　教具

在确定了每周的观察重点并将观察内容转化为有效的班级活动后，教师便可根据不同的活动类型，使用相关观察工具进行有目的的观察和记录了。

2. 记录

对于日常工作本不轻松的带班教师来说，记录是一项挑战。一方面，我们希望教师对幼儿发展的描述和评价尽量做到全面与客观；另一方面，我们也希望对幼儿的评价工作能成为班级日常工作的一部分而不是额外增加的负担。在这里，我们建议教师可以采取以下三种策略，以使记录工作更加高效。

第一，根据观察目的、活动方式、可支配的时间来决定记录的方式。教师如果有时间在行动外进行观察和书写，便可选用描述性记录方式，以获得更具体的信息；若教师本身正在组织幼儿进行集体活动，打钩或简短记录的方式则更加适宜。

第二，教师分工合作。前面我们提到，班级或年级组教师通过一起讨论发展指引及检核表能够在学习目标的理解上达成共识。在观察和记录阶段，教师则可以通过交流，明确每周、每天的观察内容、观察时间、观察地点，以及使用的观察方法等，以便分工合作开展相关工作。下面是一些班级教师分工合作有效观察和记录的例子。例如，在区域活动时，一名教师负责整体指导，以打钩记录的方式观察幼儿选区、持续时间、活动状态等情况，另一名教师在一两个区域内重点指导，以获取特定活动的信息，或者另一名教师可以对特定观察对象进行追踪记录，以获得个别儿童的信息；在集体活动中，一名教师组织活动，另一名教师则可以负责观察和记录。

第三，在一份观察记录中发现幼儿多种能力的发展。检核表上的每一项指标并不需要我们一一对应地做专门的观察记录。幼儿的发展作为一个整体，在很多时候一个简单的活动片段便包含了多个领域的发展信息。例如，前面我们提到的墨墨和翡翠玩拼插玩具的片段，在这条逸事记录里我们可以看到丰富的信息。

例14： 墨墨和翡翠在地毯旁玩一筐拼插玩具，两人没有交流，但会不时停下来看对方的作品(都拼的是艾莎的长发)。(情绪与社会性：关注同伴的活动，萌发互动的意愿。)

墨墨在完成拼插的作品后，把它戴到头上，看我正在看她，便笑着对我说："艾莎的头发就是这么长！"我说："真好看，颜色也是这样的吗？"墨墨说："对，就是蓝色的，还有一点儿黄。"(美术：能感知事物的鲜明色彩和简洁的造型；探索不同材料的特质，并萌发表现的意图。)

"你很喜欢艾莎吧？""当然啦，艾莎很漂亮还有魔法。"(翡翠一直默默地看着我们俩)(语言：愿意在熟悉的人面前说话；能表达自己的想法；能说含3个或3个以上词组的句子；说话清楚，能让人听懂。)

这时墨墨站起来笑着说，"我看看站起来能到哪儿？……已经到地上了！""翡翠，你看我的都拖地啦！"翡翠笑着说："我的也快了。"说着也戴上站了起来。"我们看看谁的更长吧？"墨墨点点头，很高兴地同意了。(情绪与社会性：与一名或以上幼儿互动。数学：能对物体按量的差异进行比较。)

3. 诠释

在记录阶段，我们主张教师能客观地呈现幼儿的活动情况，避免先入为主的主观判断，事后再通过对照发展指引及检核表诠释幼儿的活动。例如，我们所举的例14和下面的例15，通过对照发展指引及检核表，教师将幼儿活动所反映的评价指标逐条标注出来，同时这一过程也为检核表的初步评等做好了准备。与收集期前利用发展指引及检核表计划活动一样，收集期间不断地使用发展指引及检核表分析幼儿的活动能让教师更快地熟悉发展指引及检核表中的内容，进而在规划课程、聚焦观察、分析记录环节运用自如。

例15： 最近班级在开展关于升旗的主题活动。今天，卷卷拿来了她用乐高玩具制作的旗杆。在区域活动时，天天和多多把旗杆放在地毯上，先拉了拉有国旗的那根绳子，国旗降下来，然后天天拉了拉另外一根绳子，国旗慢慢地升上去了。我问："你们觉得升国旗费劲吗？"天天说："一点也不费劲，就像啥也没有。""为什么呢？"多多说："因为国旗很轻。"我说："如果没有上面的滑轮，只有两根绳子，国旗可以轻松地拉上去吗？"他俩想了想，犹豫地说："应该不行，滑轮帮助减少摩擦，才能拉上去呢！"我接着问："那我们在升旗的时候，应该往下拉哪根绳子？有国旗的这根还是没有的这根？"多多抢答道："没有国旗的这根，瞿老师你看！"说着他给我演示了国旗上上下下的样子。

教师的分析：多多和天天今天一起探索了升国旗的过程，可以看出来两人对这个小实验很感兴趣。首先，两人能够根据老师的提问进行思考并做出回答，愿意就感兴趣的话题进行讨论（语言领域目标）。其次，两人能够分享玩具，一起玩升国旗这个小游戏（情绪与社会性领域目标）。最后，两人能通过自己的动手操作来探索体验这个科学小实验并发现其中的奥秘和趣味（科学领域目标）。

下一步计划：引导幼儿在生活里找一找，哪里还有这样的滑轮？看看它们是怎样工作的？鼓励幼儿将自己的发现带到班级里，与老师、小朋友分享。

（五）定期回顾观察资料，在检核表上做出初步评等

每隔一段时间，教师便需要将存放在教师档案中的幼儿观察资料拿出来，并对照检核表为幼儿做出初步评等。定期审视检核表能帮助教师有效地了解幼儿已经知道了什么、哪些方面还未被关注，以便进一步聚焦观察并做出相应的教学跟进。审视检核表可以采用"少食多餐"的原则，即教师不需要一次审视完全部幼儿的检核表，但在学期中期要保证每个幼儿的检核表都被关注过。也就是说，"观察→记录→审视与初步评等→聚焦观察与教学跟进"这个过程，在每个学期至少要进行两次。

根据幼儿活动的熟练程度，教师可以在检核表上为不同发展水平的幼儿进行评等：待发展、发展中、熟练。

我们建议对幼儿进行初步评等要使用铅笔，以便在学期末重新审视幼儿资料做正式评等时进行修改。同时，教师也可以用铅笔写一些批注，以提醒自己还需关注什么或增加哪些活动以支持幼儿发展。"在持续进行的教室活动中，定期观察与记录儿童的学习且在发展检核表上做初步评等能指引教师决定课程与教学。教师会发现自己越来越有实力：自己会密切地观察及聆听儿童，发现班上儿童展示个人所知及所能的不同方式，而且还会把这些信息融入教学计划中，使得自己的教学更能响应班上儿童的状况与需求。"[1]

---

① ［美］马戈·迪希特米勒、朱迪·雅布隆、阿维娃·多尔夫曼等：《作品取样系统：3～6岁儿童发展指引》，41页，南京，南京师范大学出版社，2009。

三、收集期结束

在学期结束前的3～4周，教师需要完成下面两件事。

(一)做出正式评等

整理幼儿所有的观察资料和作品，审核在学期中期所做的初步评等，根据新增的幼儿记录查看是否需要改变，并在检核表上做出最终的正式评等。

(二)在检核表备注一栏标注出证明幼儿等级的实例

尤其是待发展和发展中这两个等级，实例的标注能让教师明确幼儿在这一评价指标上的具体行为表现，以便在下一个收集期内提出有针对性的指导。例如，一名中班教师对班里一名幼儿"理解 10 以内相邻两数多'1'和少'1'的关系"的评价是发展中，在备注一栏标注着"能说出 6 以内的相邻两数的关系，但当数量变大时说不出"，通过备注我们可以看出这名幼儿在理解相邻两数的关系上可以达到的程度及存在的具体困难。

值得注意的是，在检核表的备注一栏中教师一定要写具体的实例，而不是在评价指标前加上"能"或"不能"或主观判断。例如，不适宜或无效的检核表备注，见表 3-9 和表 3-10。

表 3-9　幼儿语言发展检核表(3～4 岁)

幼儿姓名：刘×× 　　教师姓名：王×× 　　班级：小×班 　　填表时间：2015 年 7 月

一级指标	二级指标	评价			备注
		待发展	发展中	熟练	
听	在别人讲话时能用眼睛看着对方。			√	在说话时能看着对方的眼睛。
	能听懂日常会话。			√	能听懂日常会话。
	能依从两个步骤的指示行事。		√		能听完两个指令，但不能时常照做。
	能注意到他人语气语调的变化。		√		不太能注意语调的变化。
说	愿意在熟悉的人面前说话。			√	能主动和别人打招呼。
	能用语言表达自己的需要和想法，必要时配以手势动作。			√	能用语言表达自己的需求。
	能够说由 3 个或 3 个以上词组成的句子。			√	
	口齿比较清楚，能让他人听清听懂。			√	能够完整讲述事情发生的经过。

一级指标	二级指标	评价			备注
		待发展	发展中	熟练	
读	经常要求成人讲故事、读图书。		√		不会主动找老师讲故事。
	能看懂一些图书的画面内容，或者会猜测、提问。		√		只能说出图中的画面，不能进行联系。
	能意识到图书上的文字和画面是对应的。			√	能够认识简单的文字，知道文字和图片之间的关系。
	良好的阅读习惯。			√	能够主动翻书，但在看书时坚持时间不长。
写	喜欢用涂涂画画的方式，表达一定的意思。			√	经常在美工区涂涂画画。
	尝试正确握笔。			√	能够用正确的姿势握笔。

表 3-10 幼儿语言发展检核表(5～6 岁)

幼儿姓名：丁×× 　　　 教师姓名：刘×× 　　　 班级：大×班 　　　 填表时间：2014 年 12 月

一级指标	二级指标	评价			备注
		待发展	发展中	熟练	
听	能积极主动回应、留心等候发言。		√		愿意倾听。
	能结合情境理解一些表示因果、假设等相对复杂的句子。	√			有待提高。
	能依从一系列的指示行事。		√		在教师提出指示后眼神发愣，不明白教师的指令，或明白后做错。
	能理解他人语音语调变化的含义。		√		有待提高。
说	愿意与他人讨论问题。	√			不愿意在别人面前说话。
	能有序、连贯、清楚地讲述。		√		有待提高。

幼儿发展性评价手册

一级指标	二级指标	评价			备注
		待发展	发展中	熟练	
说	能运用多于 3 个意思完整的句子表达意思。		√		句子表达较短，不会说。
	说话流畅、吐字清楚、语言较为生动。	√			吐字清晰但语言不生动，说话时没表情。
读	经常专注地阅读图书。		√		不能专注阅读，注意力易分散。
	能根据情节或画面线索猜想故事情节的发展，或续编、创编故事。	√			不会创编故事，不喜欢动脑筋的活动。
	对文字符号感兴趣，知道文字表示一定的意义。	√			不喜欢玩带字的游戏，识字不多。
	良好的阅读习惯。		√		有待提高。
写	愿意用图画和符号表现事物或故事。		√		有待提高。
	具有写的初步技能。		√		握笔姿势不正确。

　　在上面的两个检核表中，首先，对于幼儿"熟练"的发展水平，教师用评价指标加"能"进行了备注，"发展中"用"不太能"，"待发展"用"不能"，这样的备注在前面的打钩一栏中完全可以看出来，并不能说明教师为什么给幼儿做出这样的评等。其次，备注中的主观论断可能会传递有误的信息。比如，在"能根据情节或画面线索猜想故事情节的发展，或续编、创编故事"这一目标下，教师给幼儿的评价是"待发展"，在备注一栏写道"不会创编故事，不喜欢动脑筋的活动"，从这样的备注中我们很难了解这个幼儿实际的创编情况，教师的主观判断也有些绝对化。对于幼儿在升入高年级时接班的教师来说，无法根据这份检核表为幼儿提供有针对性的指导，也会对该幼儿有先入为主的印象。再比如，教师在"能依从一系列的指示行事"这个目标上给幼儿的评价是"待发展"，备注一栏标注着"在教师提出指示后眼神发愣，不明白教师的指令，或明白后做错"，这个目标反映的是幼儿"听"的能力，如果幼儿不愿意做或任务本身难让幼儿做不到，就不能反映幼儿听的实际水平，因此缺乏了具体情境，所以我们很难考量教师的评价是否公平。

　　下面我们再来看几则运用备注说明幼儿实际发展情况的实例。它们能较好地说明或补充检核表等第的备注，见表 3-11、表 3-12 和表 3-13。

表 3-11　幼儿数学发展检核表(3～4 岁)

幼儿姓名：程××　　　教师姓名：任箭平　　　班级：小一班　　　填表日期：2015 年 1 月

一级指标	二级指标	评价			备注
		待发展	发展中	熟练	
数与运算	对于数目及数算有兴趣。			✓	喜欢数人数、根据人数分餐具。
	按物点数 5 以内的物品并理解数的实际意义。		✓		3 以内可以正确点数，在 4、5 点数时有停顿，会出现错误。
规律与关系	按照物体的某一个特征进行分类。		✓		可以按物体大小进行分类，但对颜色和形状的分类易混淆。
	区分"1"和"许多"并理解它们的关系。		✓		
	能以一一对应的方法来比较两组物体的多、少和一样多(物体个数在 5 以内)。			✓	
量与计量	对物体(至少 3 个)按量的差异(大小、长短、高矮)进行比较和排序。		✓		可以对物体进行两两比较，但在排序时会出现错误。
	参与测量活动。		✓		
	结合生活事件或自然现象辨认白天、黑夜(夜晚)；知道早晨、中午、晚上。		✓		可以分辨白天和晚上，但对早晨、中午、晚上等具体时间段分不清。
几何与空间	认识区分圆形、正方形和三角形。			✓	
	能用圆形、三角形和正方形进行组合拼搭。			✓	喜欢玩精致积木，作品：《戴草帽的人》。
	以自身为中心区分上、下的空间方位。			✓	

一级指标	二级指标	评价			备注
		待发展	发展中	熟练	
运用数学知识解决问题	对解决数学问题感兴趣。			√	
	借助实际情境和操作(如用实物一一对应、直接比较)来解决简单的数学问题。		√		在分餐具时,有时不能根据椅子数量摆放筷子。

表3-12 幼儿语言发展检核表(4～5岁)

幼儿姓名:闵××   教师姓名:胡玥   班级:中三班   观察时间:2015年1月

一级指标	二级指标	评价			备注
		待发展	发展中	熟练	
听	专心倾听并适当回应。		√		可以很好地回应,但在急于表达自己的想法时,不太能做到倾听。
	在群体中能有意识地听与自己有关的信息。		√		有时会在老师刚安排完区域活动时,再问老师区域活动内容。
	能依从两个或三个步骤的指示行事。			√	
	能结合情境感受到不同语气、语调所表达的不同意思。			√	能够在分享故事时,根据老师的语气语调,做出相应的表情或动作反应。
说	愿意谈论自己感兴趣的话题。			√	
	能基本完整地讲述自己的见闻和经历的事情。			√	可以完整清晰地介绍自己的出游经历。
	能运用不同结构的多词句子表达意思。			√	"指针就像一个老太太,因为它总是走得很慢。"
	讲述比较自如、连贯,大部分日常生活字词发音清晰。			√	在介绍作品时能够清楚、大方地说明自己做的是什么、怎么做的、为什么这么做。

一级 指标	二级指标	评价			备注
		待发展	发展中	熟练	
读	经常反复看自己喜欢的图书。			√	喜欢翻阅教师分享过的图书。
	能根据连续画面提供的信息大致说出故事的情节。		√		有时会因为"不好意思"或"有点害怕",而需要老师的提示和鼓励,其实自己在能力上可以胜任。
	喜欢认读生活中常见的标识、符号。			√	在生活中看到符号会主动询问老师,了解它的含义,如滑梯上的安全标志。
	良好的阅读习惯。			√	会在提前做完事情时,进入阅读区自主阅读。
写	愿意用图画和符号表达自己的愿望与想法。			√	经常在美工区和玩色区,表现自己感兴趣的事情或最近的经历,如恐龙博物馆。
	喜欢自由操控书写工具。		√		抓握笔的姿势基本正确,有时还需要老师的提醒。

表3-13　幼儿美术发展检核表(4~5岁)

幼儿姓名:闵××　教师姓名:胡玥　班级:中三班　观察时间:2015年1月

一级 指标	二级指标	评价			备注
		待发展	发展中	熟练	
感受与欣赏	能专注地欣赏自然与生活中美的事物及艺术作品。			√	在欣赏和感受活动中,总是能观察到事物的细节并表现出自己的独特想法。例如,在画白菜花时,画出了白菜花旁凋零的花朵、白菜花的根和水罐中的水滴。

一级指标	二级指标	评价			备注
		待发展	发展中	熟练	
感受与欣赏	能关注到事物和作品的细节、色彩、形态特征，并有自己的想象和理解。			√	是班上为数不多的已经开始关注作品艺术形式要素的幼儿，如他可以说出喜欢这幅作品的颜色，而不再因为这幅画有自己喜欢的东西而喜欢这幅画。
表现与创造	经常用个人喜欢的美术形式来表达自己的所见所想。			√	这学期新增的玩色区为幼儿提供了探索水粉颜料的机会，他从一开始需要老师调色到最后可以自己调出浓淡适宜的颜料，有了很大的进步。他还会使用不同形状的拓印物来表现最近的经验和感兴趣的事物，创作丰富的主题故事书，如恐龙博物馆、葫芦兄弟等。
	能探索不同艺术材料的特质，并萌发出表现的意图。			√	

　　总之，无论是哪个领域的检核表，通过对相应实例的标注和具体事宜的说明，我们不仅能对幼儿的发展状况有一个全景式的了解，更可以根据幼儿的实际情况提供下一步的教学支持。在使用检核表进行评价的实践工作中，教师会越来越明显地发现几乎班里每一个幼儿都有不同的强项和弱项，他们的发展速率都不尽相同，个体差异是幼儿发展中的常态而不是例外。因此，检核表不是一份关于幼儿长处和短处的报告单，而是一份关于幼儿如何发展的向导手册，让教师在观察每一个幼儿的过程中支持他们的发展。在教师根据观察资料和幼儿的作品在检核表上做出正式评等，并标注实例说明幼儿的发展等级后，幼儿发展性评价中的检核表的全部工作便完成了。

幼儿发展性评价手册

第四章　幼儿成长档案

第一节　档案的作用

一、呈现幼儿学习和发展的过程性例证

检核表和档案为教师了解幼儿提供了两种不同类型的信息：检核表是对幼儿学习和发展情况的整体描述，目的在于查看幼儿是否掌握了某种技能；档案是对幼儿学习和发展过程的质性描述，目的在于让教师了解幼儿个性化的学习方式，即幼儿是如何思考并发展自己的能力的。在实践中我们常常会发现，几名幼儿在检核表上有相同的等第，但他们在这一等第上的具体表现有"一百种"不同的方式。为了研究幼儿是如何思考、建构和表达自己经验的，教师有必要通过收集和分析幼儿成长档案的方式来研究幼儿的作品、行动及语言。

二、帮助教师调整教学以支持幼儿个性化的学习需要

将幼儿的作品、活动过程的照片收集到档案中，是教师了解幼儿个性化的学习方式、知识、技能的有效方法。通过有规律的收集，教师能及时了解幼儿的持续发展变化，明确教学的实际效果，以调整课程的发展适宜性，从而满足幼儿进一步学习和发展的需要。

三、让家长和其他教师看到幼儿成长的历程

幼儿发展性评价中的检核表主要以勾画等第和标注的方式呈现，在备注一栏中，教师有时会使用相对专业的术语，故检核表一般不面向家长开放。档案以幼儿的作品和活动照片为主要呈现方式，且在收集过程中有很多亲子参与的作品，适宜家长和幼儿翻阅。教师有规律地收集幼儿作品，并用照片记录幼儿的活动过程，能让家长和其他教师直观地看到在一段时间内幼儿的成长变化。

第二节　档案的形成过程

一、开始之前

（一）建立档案

第一步：为班里的每个幼儿准备一个活页文件夹，在文件夹的侧面插入基本信息签，竖着摆放文件夹以便于查看（如图 4-1）。

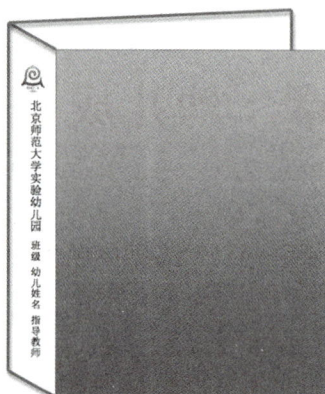

图 4-1　幼儿成长档案夹

第二步：准备幼儿成长档案的前三页：封面页、幼儿基本信息页和幼儿自画像页（如图 4-2、图 4-3、图 4-4）。

图 4-2　封面页

幼儿基本信息页的主要作用是呈现幼儿的基本信息，特别是幼儿的家庭背景，以期为幼儿园教育提供更多的参考资料。

幼儿个人档案

姓名：　　　　　　小名：

出生日期：

血型：

父亲年龄：　　　　父亲职业：

母亲年龄：　　　　母亲职业：

我的老师：

日常照顾人员：

我最喜欢做的事情：

我最喜欢的玩具：

我的好朋友：

和我同住的家庭成员：

我最喜欢的食物：

我不喜欢吃的食物：

我最喜欢看的一本书：

我的理想：

> 贴一张幼儿的照片，并注明照片的拍摄日期。

图 4-3　幼儿基本信息页

这就是我

绘画日期：

幼儿的话：

教师的话：

图 4-4　幼儿自画像页

幼儿自画像是一种非常好的考查幼儿美术、语言、自我认知等多方面能力发展的评价档案，教师可以发挥自己的智慧来进行有效利用。下面我们就来看几例从不同角度收集和分析幼儿自画像的案例。

第一，从美术角度，看幼儿如何运用绘画的方式表现对自我的认识。

例1：

这就是我

绘画时间：2013 年 10 月 10 日

幼儿的话：

露露转动手腕在纸上画了一个闭合的圆。画完眼睛、鼻子、嘴巴后，她又在头的上方从下往上画了几根头发。我摸摸她的眉毛问她眼睛上面是什么。她大声地说："眉毛。"说完就在两只眼睛正上方画了一条长长的线，又在这条线上轻轻地涂了几笔。我让她看看镜子，想想眉毛长在什么位置。她看完后便在刚才那条线的下面画了几条短线表示另一个眉毛。最后她在脸的下方、头的上方画了两个小小的不对称的耳朵。

教师的话：

露露已经可以用转动手腕的方式画圆，之前她总是用大臂带动手画圆，这是一个不小的进步，但在画头发时她仍用自下而上的方式画线条，手的动作慢且轻，这说明她在用笔表现线条方面还需要更多的探索。露露能画出闭合的圆形，并用简单的图形建构事物的基本形象，这表明她的绘画发展阶段正由圆形涂鸦向形象期过渡，对于小班的孩子来说，这样的发展水平非常难得。在这幅作品中我最喜欢她画的那条毛茸茸的一字眉，因为我让她摸了摸眉毛，她竟在线上画了一些短线表现她对眉毛的触感。这让我很惊喜！

通过每个学期让幼儿画一幅自画像，教师可以很清晰地看到幼儿在画人物方面的发展变化。例如，下面的例 2 就是一名教师记录的一名幼儿在小班和中班不同时期的自画像。

例2：

这就是我

绘画时间：2013 年 10 月 9 日

幼儿的话：

之牛是在班里所有幼儿中为数不多的能够画出自己四肢和躯干的孩子。在自画像这个活动中，老师只引导幼儿观察了脸部的结构和五官的特点，但之牛更愿意把注意力放在对自己整体形象的表现上。他不仅画出了头部，还画出了身体、胳膊、手和腿。

之牛说："这就是我，这是衣服上的小人儿。"

教师的话：

从之牛的作品中可以看出，他的绘画发展阶段已经渡过了涂鸦期，进入了简单形象期。在这一时期的初期，孩子绘画的最明显的特点就是画"蝌蚪人"，也就是画身体结构并不完整的人。但之牛的自画像的整体结构还比较完整，体现出了人体最主要的结构。他能在胳膊上画一个圆圈表示手，更在身体上画了一个小人的图案表现他衣服上的装饰。但他没有画自己的鼻子、嘴巴、耳朵、头发等。这也说明孩子对事物的把握还缺乏完整性，更多关注自己最在乎的事物特点。

这就是我

绘画时间：2014 年 11 月 2 日

幼儿发展性评价手册

幼儿的话：

之牛在玩色区照了照镜子，自言自语道："我看看我的鼻子啊。"看完鼻子，他画了一个正方形并在里面点了两个黑点。在涂色时，他先用紫色把右边的眼睛分割出一个区域涂满，剩下的用红色的彩铅边转动纸张边涂满。

画完第一张后，之牛主动要求再画一张，这次他画的是一张全身像。他先在纸上画了一个大大的长方形，从上到下画了一排扣子。画完衣服之后，之牛才画了头、胳膊和腿。在画手指时，他边画边数"1、2、3、4、5"，直到画够五根手指。

师："介绍一下你画的自己吧。"

之牛边笑边唱："鼻子、嘴巴、短短的头发、大大的眼睛、大大的脸蛋。"

师："为什么脸是红色的？"

之牛："因为我喜欢，这是擎天柱的颜色。"

"这是恐龙脚印，这是翼龙。"他指着衣服上的图案介绍道。

教师的话：

之牛的画从来都不是传统意义上的"好看"或者"不好看"，却总是让你眼前一亮，是令人感觉最独特的那幅。这种吸引力是艺术活动中最令人珍视的。在给自画像的脸部涂红色时，他给自己的右眼单独留出一小块涂上了紫色，一只耳朵一个颜色，看起来很滑稽。在画手指时，他边画边数，说明他对自己身体的认知已经很准确，但在第一幅自画像中他没有给自己画眉毛，在第二幅中画上了眉毛却没有画头发。所以他对于细节的呈现还是不稳定，比较随意。

和小班的全身自画像相比，首先，他对衣服装饰物的表现更加具体，并非常明显地用自己喜欢的事物——恐龙来装饰。在用色上，从之牛最近的很多作品中都可以发现，他很喜欢用分割式的块状填色方法来涂色。其次，在小班时他呈现的人物基本上都是单线条，但在这幅全身画像中，除了腿是两条直线外，其他都已经是双线条，即用面来呈现了，在呈现方式上有了明显发展。

第二，从语言角度，看幼儿如何运用语言评价自己。

例3：

这就是我

绘画时间：2014 年 11 月 1 日

幼儿的话：

　　我的头发特别短，但我的耳朵很大。我很爱笑，笑起来眼睛是弯弯的。可我有时候也爱发火。

教师的话：

　　对自己外形的观察很仔细，描述也很准确。而且他还描述了自己的情绪特点，展现了他对自我的认识。

例4：

这就是我

绘画时间：2014 年 12 月 10 日

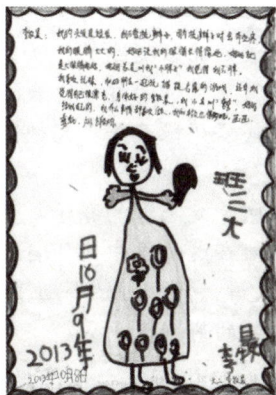

幼儿的话：

　　我的头发是短发，我不爱梳辫子，因为梳辫子会有些疼。我的眼睛大大的，妈妈说我的眼睛长得像她，妈妈就是大眼睛妈妈，妈妈总是叫我"小胖

子"，我觉得我不胖。我喜欢玩球，喜欢和好朋友一起玩猫捉老鼠的游戏，还有我觉得自己很漂亮，是身体好的李××，我小名叫"弯弯"，是妈妈给我起的。我什么事情都喜欢做，我的本领也很多，如画画、剪纸、户外锻炼。

教师的话：

　　弯弯只想了一会儿，就能很好地把自己介绍给了大家。她的语言流畅、连贯，也很生动，对自己的介绍也很贴切。生活中的弯弯很有团队意识，什么事情都喜欢自己承担，很少把责任推给别人。在众人面前她也很乐意表现自己，很少怯场，是一个自信、活泼的小榜样。

例5：

这就是我

绘画时间：2014 年 9 月 10 日

幼儿的话：

　　这是阴下来的天，因为最近北京挺冷的，如果冷的话可能会下雨。因为我很想长大，所以就画了胳膊往上伸的样子，我还给自己写了"加油"，因为我想加油长大，平时看到爸爸妈妈很辛苦，想快点长大帮助他们。

教师的话：

　　小满是个爱观察、爱提问、爱思考的孩子，他很喜欢在阅读区专注地看书，对文字也很感兴趣，因此在这幅画中他能自己写出"加油"这两个字。小满也是一个喜欢帮助小朋友、愿意做老师"小助手"的孩子，从他对自画像的介绍中我也发现他还是个孝顺的好孩子。

例6：

画一幅自画像，向班里的弟弟妹妹介绍自己。

这就是我

绘画时间：2015 年 6 月 17 日

幼儿的话：

我想对弟弟妹妹们说："哥哥的牙很白，个子很高，手臂很长，哥哥很爱笑，我会很耐心地帮助你们。比如说，带你们上厕所、洗手，喂你们吃饭，还会陪你们玩玩具、做手工。幼儿园还有很多小车，我可以骑车带着你们玩。"

教师的话：

一一的表述逻辑性比较强，他首先介绍了自己的外形特点，这些都是他比较突出的特点，无论是自画像还是语言描述都很准确。一一把以前哥哥姐姐照顾自己的经验迁移过来，说了很多可以帮助弟弟妹妹的事，是个很有爱心的大哥哥。一一在讲述的时候非常兴奋，脸上挂着幸福的笑容，看来他已经迫不及待地想当一名合格的大哥哥了。

例 7：

画一幅自画像，介绍自己最大的进步。

这就是我

绘画时间：2014 年 9 月 12 日

幼儿的话：

　　我觉得我上了大班后，最大的进步就是学会了跳绳。

教师的话：

　　学会跳绳对于笑笑来说绝对是一件"重要的大事儿"，现在她已经可以最多连续跳12下了！因此当我提出画一幅画介绍自己的进步时，笑笑很快画好了这幅自画像，看来她对自己的进步非常清楚。

　　通过大量的自画像档案收集，我们发现即便是同一年龄段的幼儿也存在明显的个体差异，但纵观3～6岁整个学前期，幼儿的自画像基本呈以下发展趋势。

　　一些3岁的幼儿可能只是在涂鸦，如图4-5所示。

 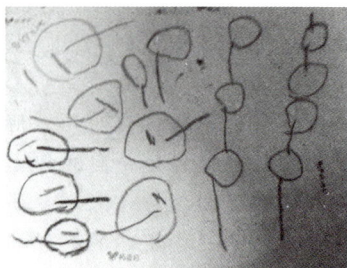

(a)3岁4个月　　　　　　　　　　(b)3岁5个月

图4-5　3岁幼儿的涂鸦

　　一些3岁的幼儿已经可以画出"蝌蚪人"，展现自己对外形的理解，但他们对自己作品的评价有较大差异，有的幼儿对自己画的"蝌蚪人"很满意，会详细地介绍自己画的细节；有的幼儿却对自己画出的形象并不太满意，如画完后说自己画的是一只毛毛虫，如图4-6所示。

 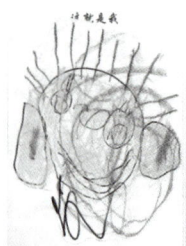

(a)3岁3个月　　　　　　　　　　(b)3岁6个月

图4-6　3岁幼儿画出的"蝌蚪人"

　　4岁的幼儿可以展现出他们对自己身体细节的更多认识，如厚厚的头发帘、长长的睫毛等，如图 4-7 所示。

(a)4 岁 3 个月　　　　　(b)4 岁 5 个月

图 4-7　4 岁幼儿的自画像

随着幼儿认知和精细动作的发展，5 岁幼儿的自画像越来越写实和丰富，如图 4-8 所示。

(a)5 岁 2 个月　　　　　(b)5 岁 6 个月

图 4-8　5 岁幼儿的自画像

准备好档案夹的前三页后，教师便可以与幼儿一起在教室中找一个专门的地方存放档案夹。之所以邀请幼儿"选址"，是希望档案夹摆放的位置是幼儿视线所及且方便幼儿取放的。尤其是对于中班和大班的幼儿来说，档案收集不是教师一个人的工作，在开始收集档案前，教师可以向幼儿介绍自己为什么需要观察幼儿的活动、为什么需要收集幼儿的作品，让幼儿了解"评价"对自己的帮助，也让幼儿参与到收集和选择作品、建构自己档案的过程中来。

（二）了解档案的主体

幼儿成长档案的主体由两类档案构成：核心项目和个人项目。

1. 核心项目

核心项目是指在语言、数学、美术等领域中针对一些特定的核心目标所收集的作品。幼儿的学习与思考可以由语言、数学、美术领域的具体作品来呈现，而动作、情绪与社会性领域的学习极少有作品产生，这两个领域的发展主要由教师直接观察而获得，用检核表进行评价。核心目标对于班里所有幼儿都是统一的。在开始收集前，教师需要围绕核心目标拟定活动计划，之后在活动中有规律地进行收集，再从中选择 3 幅具有代表性的作品作为核心项目的档案，用来展现幼儿在这一目标上的学习过程和进步。

在收集核心项目前，教师需要为每个领域拟定两个核心目标。在每个领域众多的学习目标中，那些能够体现课程重要部分、包含广泛的概念而不是特定技能、能展现幼儿随时间而进步的学习目标更适宜作为核心目标。在后面的环节中我们将针对核心目标的拟定方法做具体的说明。在此，我们先来看围绕这样的核心目标所收集的作品所呈现出的特点。

（1）能体现课程的重要部分，由教师的计划引发

核心项目是围绕核心目标收集的，而核心目标体现的是课程中的重要部分。在整个收集期，教师需要围绕核心目标，拟定活动计划，在教室中为幼儿提供充分的机会发展这些能力。教师的合理规划能保证活动和收集到的幼儿作品，是围绕核心目标的，是课程中的重要部分。

（2）班级所有幼儿核心项目中的作品都要反映所在领域的核心目标

核心目标是课程中的重要部分，对于教室中的每个孩子都同等重要。虽然核心项目中每个孩子的作品反映的是相同的目标，但只要教师支持的方式是开放的，就不必担心收集来的作品会是一样的。例如，在"使用美术的形式呈现想法"这一核心目标下，琳琳喜欢用色彩表现自己的感受和想法，核心项目展现了她在探索颜料和表达上的发展；浩浩对多种粘贴工具很感兴趣，核心项目展现了他用双面胶、透明胶、胶棒、纸条设计的一系列游乐园滑梯；之牛对油泥感兴趣，核心项目展现了他探索油泥并进行创作的过程。

（3）展现幼儿的进步

核心项目的作品应该能代表幼儿不同阶段的水平，展现幼儿在核心目标上的进步。例如，一名小班教师针对"一段时间内多次探索某种艺术材料"这一核心目标，在美工区为幼儿提供了大量的油泥和开放性的辅助材料，经过一个学期的观察和指导，幼儿的作品展现了非常大的进步。下面是两名小班幼儿在不同时期探索油泥的代表性作品（见例 8、例 9）。

例8：

在学期初，莫莫只是用工具拍、压、戳油泥(见左下图，摄于 2014 年 10 月 14 日)，把油泥塞进吸管里，剪成一段儿一段儿的，没有明确的创作意图(见右下图，摄于 2014 年 10 月 20 日)。

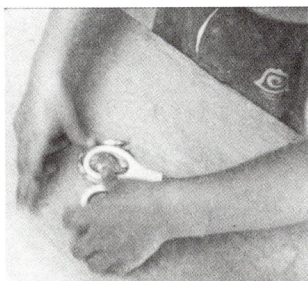

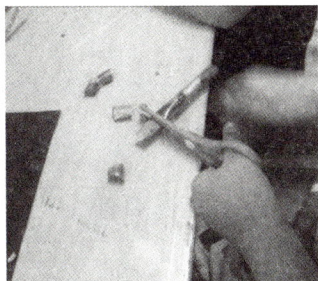

在学期中期，莫莫开始能利用辅助材料做出表示具体事物的作品(《冰激凌大餐》，创作于 2014 年 11 月 15 日)。

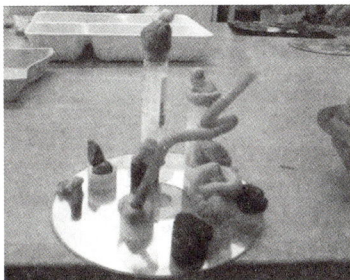

在学期末，莫莫不仅可以创作出具体形象，而且能表现出一定情景，如下图，用牙签表示雨滴落下的样子，充满了创造力(《下雨天，蜗牛都出来啦》，制作于 2014 年 12 月 10 日)。

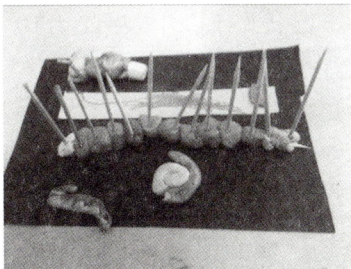

例 9:

在学期初，之牛就可以很熟练地将油泥团圆、搓条、压扁，他很喜欢做蜗牛，在这个时期他总是不停地重复做蜗牛，一次能做好几十只（《蜗牛》，制作于 2014 年 9 月 15 日）。

在一次用牙签和油泥进行立体构造的集体活动后，之牛开始能利用辅助材料表现一定的情景，对细节也有更多的表现，如下图，敞蓬车里的乘客还系着安全带（《敞蓬车》，制作于 2014 年 10 月 18 日）。

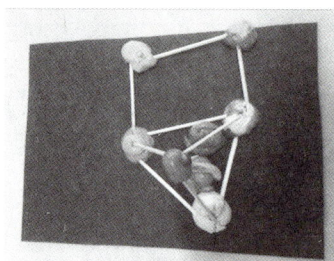

后来，之牛将立构的经验迁移到对蜗牛的兴趣上，他花了整整两周的时间为蜗牛做了一座房子——他把较硬的油泥切成块搭了围墙，里面做了沙发、电视，还在门的位置用吸管做了天线，最后之牛在比对了多种材料后用吸管搭建了房顶。他非常喜欢自己的这件作品，总是开心地介绍给班里的其他孩子（《蜗牛的房子，制作于 2014 年12 月10 日》）。

（4）具有代表性

核心项目中的作品能够代表幼儿在不同时期的"平均"水平，而不是"最高"水平，也就是说这件作品应是幼儿的常态作品而不是最佳作品。如果一件作品比幼儿平时的多数作品都明显优秀，就不应被选择为核心项目，因为它可能错误地传递了关于幼儿发展水平的信息。

2. 个人项目

个人项目是指那些可以呈现幼儿个人兴趣、特长、学习方式、重要成就，展现跨领域知识运用能力的作品。在收集期，教师无须做事先计划，对作品的数量也没有收集要求。例 10 是一位教师为一名擅长用美术的方式表现自己的近期经验和兴趣的幼儿收集的个人项目档案。

例 10：

周末看完车展后，画了一辆房车，用油泥为汽车专门做了一个排气筒。

看过电影《变形金刚 2》后，经常在美工区创作以"汽车人大战"为主题的作品。

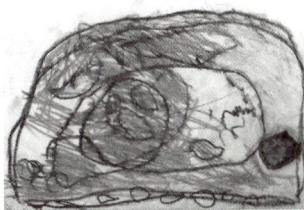

自从他迷上恐龙后，就乐此不疲地创作与恐龙相关的作品。

这是他在玩色区用图形块组合拓印出来的《重返侏罗纪》和《披羽蛇翼龙》。

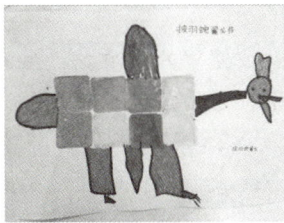

　　周五是玩具分享日，他带来了很多有关恐龙的书籍和小朋友分享，看来他的兴趣得到了父母很好的支持。随着关于恐龙经验的不断丰富，他不再创作单幅的恐龙作品，开始以故事书的形式展现他的想法。在画好作品后，他请我在封面写上了书名《白垩纪恐龙》，并让我记下他对每一页画面内容的解释。我惊喜地发现他不仅可以生动地表现出每个恐龙，还能准确地说出它们的名字和特点。他兴奋地告诉我，他长大后要当一名研究恐龙的科学家。

　　长着三只角的三角龙：它的角是用来攻击敌人的，它背着一朵绿色的云彩，它要把这个云朵送给幼儿园做云朵面包。

　　长脖子的薄片龙：它的武器和其他龙不一样，它们有一个特别的武器——尾锤！

　　身披铠甲的小盾龙：后背长了一排铠甲，它的前肢很长。

　　慈祥的慈母龙：有一个人在看慈母龙，慈母龙在照看它自己的宝宝。

可以看出，这些作品不仅反映了这名幼儿的兴趣、特长、个性化的表达方式，更展示了他在艺术、语言、认知、个人与社会交往等方面综合发展的信息。与核心项目不同的是，个人项目显示的是幼儿对多领域知识和技能整合的能力。

此外，个人项目还可以收录那些展现幼儿发展重要成就的作品。在整个幼儿园阶段，每个孩子都会有很多第一次的质的发展：第一次因为不怕弄脏手享受涂鸦的乐趣，第一次可以脱稿分享晨间新闻，第一次准确地数出 10 以内的物品，等等，这些重要的时刻都可以收录在幼儿的个人项目档案内，见例 11。

例 11：

2015 年 1 月 6 日，诺诺很喜欢她在新年联欢会跳舞时穿的裙子，在这幅画中她第一次画出了身体的上半身和下半身。

2015 年 9 月 20 日，经过两周不断地练习，升入中班的凡凡终于可以在生活区用筷子夹起"小笼包"了。

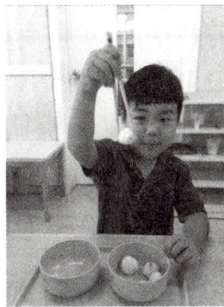

综上所述，核心项目与个人项目主要有以下不同点（见表 4-1）。

表 4-1　核心项目与个人项目的比较

	核心项目	个人项目
主要功能	展现进步	展现幼儿的个人特点
与领域的关系	与一个领域相关	体现多领域的整合
与学习目标的关系	反映相同的学习目标	反映不同的学习目标
计划	事先计划	儿童自发
收集数量	从多幅作品中挑选 3 幅	不限

（三）确定核心目标

在每个领域内众多的学习目标中，具备以下特点的学习目标可以作为收集档案的核心目标。

1. 课程中的重要内容，体现整合的技能

核心目标应是园所课程中的重要内容，反映整合的技能，而不是单一的技

69

巧。例如，大班的语言核心目标"完整、流畅地讲述"，便包含了语用（运用语言表达想法），语法（用意思完整的句子表达），语音（说话流畅、发音清晰）等多方面的技能。且这些行为在幼儿的日常活动中经常发生，可以在多种活动形式中展现。

2. 能反映所属年龄段相对重要的发展需要，与每个幼儿都相关

对于幼儿来说，每个发展阶段都有相对独特和重要的发展需求。例如，对于刚步入幼儿园的小班幼儿来说，将"表达需求与想法"作为核心目标可以帮助他们尽快融入集体生活；到了中班，幼儿交往的范围越来越广、语言表达能力也逐渐提升，将"愿意谈论自己感兴趣的话题"作为核心目标可以有效地支持他们在语言表达方面的发展；到了大班，"前书写"已经被提上日程，将"运用符号表达想法"作为核心目标可以帮助幼儿在大量的活动中做好书写准备。此外，教师还需要注意的是，核心目标一定要与班里的所有幼儿相关，不能因为个别幼儿发展的差异性而有所改动。例如，一位大班教师为班上一名数学能力发展较好的幼儿拟定了"能进行多位数不进位加法的运算"和"能接数 100 以内的数字"两个核心目标，这显然超出了学前教育阶段的课程范围，不适合大多数幼儿，不能作为核心项目，但这方面的资料可以作为展现该幼儿特长的档案收录在个人项目里。

3. 能反映幼儿学习的过程，而不是特定技能

有效的核心目标应是那些体现概念或过程的学习目标。例如，"了解并运用数量概念解决问题"这一目标可以体现幼儿学习数量概念的过程，在整个学年内都具有收集的意义；而"能点数 5 以内的物品"就属于特定技能，幼儿一旦学会了这些技能在下一个收集期就没有收集的意义了。

4. 用档案记录最有效

检核表回答的是幼儿是否能达到某一发展目标，而档案呈现的是幼儿如何达到这一目标的过程。因此，一些需要呈现幼儿学习过程的学习目标，如"在一段时间内多次探索某种艺术材料"就需要通过真实的幼儿作品来展现幼儿的学习，通过检核表是无法呈现这些具体信息的。

了解了核心目标选择的标准后，教师便可以依据标准来确定每个领域的核心目标。在这里，我们建议教师采取年级组讨论的方式，先罗列一些领域内和园所课程中比较重要的学习目标，再对照核心目标的四条标准来看这些目标是否体现了整合的技能、是否是幼儿最需要发展的且与每个幼儿都有关的、是否能反映幼儿学习的过程而非特定技能、是否可以用档案记录，如果这四条标准都符合，便是一个有效的核心目标。

（四）了解呈现幼儿学习的方式

我们知道在档案中需要存放代表幼儿学习和思考过程的作品，但并不是所

有活动都像美术活动一样可以很自然地产生实物作品。幼儿在语言活动中的表达、在科学活动中的探索、在建构区中的合作等，这些活动都需要教师提前设计呈现幼儿学习过程的记录方式。下面我们就来介绍教师在实践中常用的几种记录方式。

1. 照片、视频、音频

照片是教师在收集幼儿成长档案中最为常用的记录方式，可以直观地呈现幼儿活动的真实状态。如果有条件，我们建议教师可以在手头常备一架相机，记录幼儿的活动过程或那些立体的、大型的不便于直接放在档案中的作品。

(a)茜茜尝试将建构区的积木分类摆放

(b)伊伊在娃娃家结束活动时
将物品快速按类摆放

图 4-9　用照片记录幼儿在班级活动中对分类概念的运用

（a)制作过程

（b)作品展示

图 4-10　用照片记录幼儿的创作过程及立体作品

使用音频和视频可以记录更为详细的过程信息，在实践中教师常用这两种方式辅助记录幼儿的语言活动、小组合作活动或需要特殊记录的活动。例如，一名教师为班里"故事大王"活动中每个幼儿的故事讲述都录了音频；一名教师在班里的小剧场活动投放了录像设备，鼓励幼儿记录他们的表演活动；一名教师在美工区投放了录像设备用来记录幼儿在绘画中的自语现象；等等。虽然音频和视频可以提供更为详细的信息，但转录成文字的工作量非常大，我们建议教师可以根据不同的需要，有选择地将这些档案进行转录或直接存储为电子格式。在学期末，教师将这些电子档案复制给家长及下一个年级接班的教师即可。

2. 记录表或作业单

教师可以有目的地设计一些记录表或作业单来呈现幼儿的学习过程。记录表不仅能支持幼儿的自主学习，也能让幼儿自己或在成人指导下记录思考的过程。在区域活动中，记录表被广泛地运用，如科学区的实验记录单、数学区的纸张作业、阅读区的记录卡、自然角的观察记录本等（见图4-11、图4-12、图4-13）。

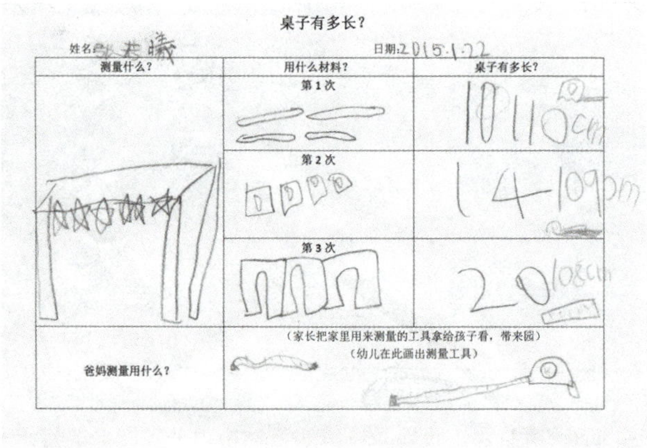

图 4-11   一位大班教师为幼儿设计的"了解并运用测量"核心项目记录单

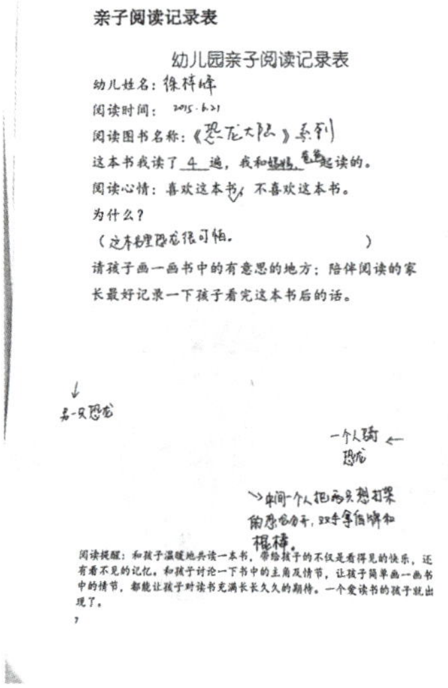

(a)阅读记录表    (b)阅读记录卡

图 4-12   不同教师为幼儿设计的阅读记录表、阅读记录卡

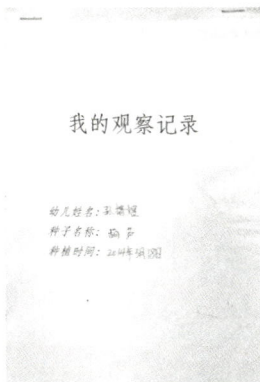
(a)观察记录一

(b)观察记录二

(c)观察记录三

(d)观察记录四

(e)观察记录五

(f)观察记录六

图4-13　一位教师在自然角为幼儿投放的观察记录本

3. 档案记录表

档案记录表是幼儿发展性评价档案中整理和分析幼儿活动及作品的重要方式。通常，档案记录表以照片和逸事记录两种方式来具体呈现幼儿的学习过程，再通过教师的分析与反思提出下一步的教学计划，支持幼儿的后续学习。在收集过程中，教师可以根据活动的具体内容来调整表格内容和项目。档案记录表如表4-2所示，语言档案记录表如表4-3所示。

表4-2　档案记录表

幼儿姓名：_____　　　班级：_____

观察教师：_____　　　观察时间：_____

领域	
核心目标	

活动名称	
作品或活动过程照片	
观察记录	
幼儿介绍	
教师分析	
教师计划	

表 4-3　语言档案记录表

幼儿姓名：叶××	班级：混龄四班(中班组)	教师：滕瑾

活动名称：我来推荐图书	
观察地点：教室	观察时间：2014 年 4 月 11 日

活动事由：

　　在我们班级的图书阅读活动中，有一个环节是由小朋友进行图书推荐，这张照片就是叶××在推荐图书，她推荐的是《一园青菜成了精》。

作品内容：(照片或作品)附视频资料

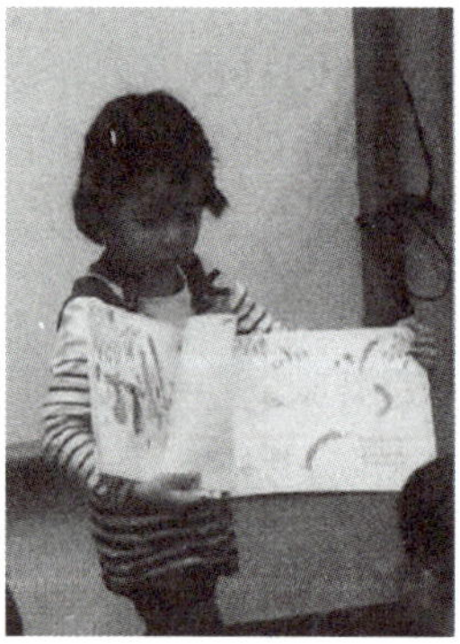

教师分析：（关注幼儿能做的和他们的长处，以及幼儿表现出的有助于学习的心智倾向/学习品质）

叶××基本上是把故事完整讲述下来的，因为这个故事的语言有很强的韵律感，所以她能用说儿歌的方式把它讲述下来，只是到最后两页不是很押韵的地方有点忘记。

建议： 　　在进一步理解故事内容的基础上，可以对她加大语言完整性的引导。	核心项目： 　　基本完整、流畅地进行讲述。

表 4-4　大班语言活动观察分析表

幼儿姓名：<u>李弯弯</u>　　　　　　班级：<u>大三班</u>
观察教师：<u>黄蕊</u>　　　　　　　观察时间：<u>2015 年 11 月 1 日</u>

核心目标	尝试续编或创编故事
作品名称	散文诗创编《秋天的落叶》
作品照片	
幼儿讲述	秋天里，一片片树叶飘落下来，有红树叶、黄树叶，片片飞舞像蝴蝶。我捡起一片片小树叶，把它们变成什么呢？看，小树叶变成了小帆船，小树叶变成了小姑娘的花裙子。旁边的小姑娘看到了，惊奇地说："哇，漂亮极了！我们一起去捡树叶吧。"
教师分析	弯弯结合树叶粘贴作品，自由创编了一首散文诗，很形象。尤其是"片片飞舞像蝴蝶"这句，读起来朗朗上口，很押韵，有了散文诗歌初步的样子。弯弯喜欢美术创作，在语言表达方面也有进步，正因为她有这样的兴趣，才让她的作品与众不同，很有自己的想法。

（五）围绕核心目标规划班级活动和呈现方式

在确定了核心目标后，教师需要将核心目标与课程相结合，通过有目的地创设班级环境、开展教学活动、投放区域材料，为幼儿提供大量的学习机会以发展这方面的能力，也为有规律地收集幼儿作品做好准备。

具体而言，这一阶段包含的主要工作有：

- 分析核心目标包含的技能、知识和概念；
- 规划班级活动；
- 设计呈现方式。

从上面三个环节中我们也不难发现，一方面幼儿发展性评价指引着课程，另一方面对幼儿的评价也离不开课程的支持。因此教师在设计课程时就必须考虑到相应的评价工作。如果将这两件事分开进行，不仅会给自己带来超负荷的工作量，也偏离了幼儿发展性评价"在教学中评价、为教学而评价"的初衷。

下面我们就以一个班级的"恐龙"主题活动为例，具体说明这三个步骤的实施方法。

在"恐龙"这个主题活动中，教师希望通过一系列的活动来促成幼儿在"完整流畅地讲述"及"运用不同材料进行艺术创作"这两个核心目标上的学习。通过班级教师的讨论，他们将这两个核心目标可能包含的技能、知识和概念罗列如下（见表4-5）。

表 4-5　核心目标分析表

核心目标	包含的技能、知识和概念
完整流畅地讲述	喜欢用语言表达自己的想法和感受； 愿意与同伴、成人交流和讨论； 说话流畅、发音清晰、展现自信； 能有意识地用完整的句子进行表达； 能将所表述的内容较完整地说出。
运用不同材料进行艺术创作	喜欢探索不同的艺术材料； 感受和了解不同艺术材料的特质； 尝试运用不同的材料，表现平面和立体的作品； 在探索材料的过程中尝试解决问题； 能有目的地选择适宜的材料进行艺术创作。

接下来，教师根据这些目标设计了相关的班级活动以支持幼儿的学习，如表4-6所示。

表 4-6 围绕核心目标设计的班级活动

核心目标	班级活动
完整流畅地讲述	【集体活动】 讨论：关于恐龙我知道什么？我想知道什么？ 外出参观：恐龙博物馆 问答游戏：认识恐龙 恐龙名片游戏：介绍恐龙的特点 故事创编：以温暖为主题的恐龙故事 故事表演：恐龙世界 【区域活动】 故事盒：运用不同时期的恐龙模型讲故事 录音机：自己操作录音机录一个恐龙的故事 【晨间活动】 担当图书推荐人，推荐一本关于恐龙的书 【亲子活动】 与孩子一起创编一个以好玩为主题的恐龙故事或以可怕为主题的恐龙故事 【展览活动】 创办恐龙博物馆，担任小小讲解员
运用不同材料进行艺术创作	【区域活动】 尝试用精致积木拼摆、撕纸、多种材料粘贴及刮画等方式表现平面的恐龙 尝试用纸黏土、积木表现立体的恐龙 【小组活动】 尝试运用多种材料制作大型恐龙 【展览活动】 用自己的作品布置一个恐龙博物馆，举办一场展览

　　为了保证教师可以收集到足够多的作品，以便从中选择出三幅具有代表性的能展示幼儿进步的作品，教师还需要提前设计好每个活动可能呈现幼儿学习的方式，如表 4-7 所示。

表 4-7 围绕核心目标和班级活动计划呈现方式

核心目标	班级活动	呈现方式
完整流畅地讲述	【集体活动】 讨论：关于恐龙我知道什么？我想知道什么？ 外出参观：恐龙博物馆 问答游戏：认识恐龙 恐龙名片游戏：介绍恐龙的特点 故事创编：以温暖为主题的恐龙故事 故事表演：恐龙世界	照片、记录单 照片 照片、逸事记录 绘画作品、逸事记录 照片、逸事记录 视频
	【区域活动】 故事盒：运用不同时期的恐龙模型讲故事 录音机：自己操作录音机录一个恐龙的故事	照片、逸事记录 音频、照片
	【晨间活动】 担当图书推荐人，推荐一本关于恐龙的书	视频、照片
	【亲子活动】 与孩子一起创编一个以好玩为主题的恐龙故事或以可怕为主题的恐龙故事	作业单
	【展览活动】 创办恐龙博物馆，担任小小讲解员	照片、简短笔记
运用不同材料进行艺术创作	【区域活动】 尝试用精致积木拼摆、撕纸、多种材料粘贴及刮画等方式表现平面的恐龙 尝试用纸黏土、积木表现立体的恐龙	作品、照片 作品、照片
	【小组活动】 尝试运用多种材料制作大型恐龙	作品、照片、逸事记录
	【展览活动】 用自己的作品布置一个恐龙博物馆，举办一场展览	照片

　　在确定核心目标时我们建议教师以年级组讨论的方式进行，在计划活动环节时，教师的集体备课同样有重要的意义。因为在很多时候活动的内容和形式，决定了幼儿作品和活动的质量，也影响教师对幼儿的评价。在计划活动时教师可以从以下三个方面考虑其是否适宜用来收集核心目标的档案：

- 是否符合领域的核心精神；

- 是否符合幼儿的年龄特点；
- 是否围绕核心目标。

下面我们就以三个不适宜的活动案例来说明这三个原则的具体内容。

例 12：

临摹年画

我们知道，学前课程五个领域中的每一个都有自身的核心精神，如科学领域强调的探索品质、数学领域强调的数学思维、艺术领域强调的创造性和独特性……这些核心的精神决定了学前阶段课程的基本价值导向。而例 12 临摹年画活动强调的是幼儿的美术技能，关注"像不像"，不符合领域的核心精神，因此从这一点看，它便不是适宜的活动。

例 13：

模板涂色

作品分析表

幼儿姓名：祺祺　　　　　　　班级：小×班
观察教师：××　　　　　　　观察时间：2013 年 10 月 10 日

领域	美术
核心目标	经常涂涂画画并乐在其中
活动名称	苹果树
活动照片	

活动记录	祺祺拿着红色水彩笔在苹果树的一角开始涂，涂着涂着便加快了速度和增加了力度，使红色占满了整张纸，苹果树的轮廓已看不清。
教师分析	祺祺的涂色表现体现了他对于绘画能力的不自信和绘画经验的欠缺。

不同年龄段幼儿在每个领域的发展都有自身的规律和特点。例如，幼儿在小班的绘画阶段是涂鸦期，中班是象征期，到了大班是图式期。对于处在涂鸦期的幼儿来说，动作的快感是他们对美术活动产生兴趣和建立自信的首要方式，因此大肌肉活动更适宜刚进入小班的幼儿。而在例13的活动中，由于教师提供了有边框的图画底纸，使教师对幼儿"涂出边框"的行为给予了较低的评价，这显然是不合理的，因为这个活动本身就不适宜该年龄段的幼儿。

例14：

每日签到表

对照日历表，来园签名字

每日来园签到是幼儿园大班普遍开展的活动，它既符合在语言领域中前书写的目标，又符合大班幼儿写的能力，但将例14的活动作品作为"运用符号表达想法"这一核心目标的档案就不适宜，因为这个活动并没有反映这一核心目标，虽然"写名字"和"运用符号表达想法"都是在语言领域中"写"的目标，但这两者本质上的区别在于"表达想法"而不是"书写符号"。这也是教师在收集档案中容易出现的误区，即开展和收集与幼儿相关的一些活动，却并没有支持幼儿核心目标的发展。我们相信，通过集体备课，教师可以有效避免这些问题。

以语言领域为例，表4-8是在实践过程中教师集体积累的较适宜的不同年齡段核心目标及具体活动。

表 4-8　语言领域中的核心目标及建议活动

年龄	核心目标	建议活动
小班	对故事展现兴趣与了解	1. 给幼儿讲一些有趣的故事，如《拔萝卜》《雪孩子》《小狐狸送被子》《猪八戒吃西瓜》等，观察幼儿能否专注于倾听、能否回答有关故事的简单提问、能否再现故事中的简单句子。 2. 投放丰富的图画故事书，鼓励幼儿自主阅读，如《棕色的熊，棕色的熊，你在看什么》《好饿的毛毛虫》《小蝌蚪找妈妈》《我喜欢书》《我妈妈》《想吃苹果的鼠小弟》等，记录幼儿的阅读活动。 3. 制作相关的教具，观察幼儿是否能讲述故事中的对话、情景，在区域活动时能否再现故事内容，或者在教师的引导下能否表演故事角色。 4. 鼓励幼儿分享自己感兴趣的故事。
小班	表达需求与想法	1. 在一日生活中观察幼儿是否能表达自己的需求，如衣服湿了、需要上厕所、想玩某个玩具等。 2. 在游戏活动、区域活动中观察幼儿是否能表达自己的想法，如在娃娃家与游戏伙伴的对话，介绍自己的作品，在玩具分享日介绍自己的玩具等。
中班	愿意谈论自己感兴趣的话题	1. 观察幼儿在晨间谈话活动中是否愿意表达和参与讨论——分享假期见闻，讨论规则（如图书区借书要求、户外活动规则），讨论环境变化等。 2. 在室内外的自主游戏时间，观察幼儿是否与同伴或教师谈论其感兴趣的话题。
中班	喜欢阅读图书	1. 有关阅读频率或时长的记录——娃娃图书馆借书卡/反馈单，班级图书区幼儿进区的表格（次数、时长）等。 2. 逸事记录——日常生活中幼儿主动看书的时间长度、次数，主动要求老师或自己讲故事（讨论故事内容）的表现。 3. 幼儿在图书馆进行阅读的个体记录。
大班	完整流畅地讲述	1. 看图讲述：①呈现一幅图，让幼儿说说画面表达的意思；②呈现几幅图，要求幼儿排图并讲述连贯的故事；③对无字书的讲述，如《父与子》，了解幼儿语言表达的完整流畅性。 2. 故事讲述：选择幼儿比较感兴趣的故事，在阅读活动后，请每个孩子进行复述表达，并记录孩子理解与表达的水平。 3. 新闻播报：请家长协助幼儿准备新闻稿，在幼儿园进行口头讲述分享。

年龄	核心目标	建议活动
大班	完整流畅地讲述	4. 口头作文：大班常见的练习语言表达的方式，涉及的内容非常广泛。例如，"五一假期最快乐的事""美丽的春天"等。可以请家长协助，将幼儿的口头表达用音频或文字客观地记录下来。
	运用符号表达想法	1. 计划小书：计划周末的活动，工作计划小书，科学小实验活动中的计划，等等。 2. 区域中的记录单：自然角、科学区的活动记录等。 3. 主题活动中运用符号表达想法的活动，如"家庭成员属相调查表"。
	尝试创编或续编故事	1. 分享完故事后，请幼儿尝试模仿、创编不一样的结局。例如，分享完《我的家是动物园》的故事后，请幼儿根据自己对家人、好朋友的了解进行创编。 2. 提出一个比较新奇的话题，鼓励幼儿大胆想象，尝试创编故事，如"狐狸发现一个蛋"。 3. 围绕幼儿近期喜欢谈论的主题，尝试创编故事。例如，幼儿喜欢的卡通形象、班上新养的小蜗牛等。

下面以围绕大班"完整流畅讲述的能力"这个核心目标进行幼儿档案收集为例，来具体说明可以开展的活动。

1. 看图讲述

看图讲述是幼儿园内一种经典的语言教育活动，经过多年的发展已经形成了丰富的看图讲述形式。教师可以给幼儿呈现一张图片，要求他们观察图片并讲述（见图 4-14）；也可以依据几张图片，要求幼儿讲述一个连贯性的故事（见图 4-15）；还可以是和图画书中的无字书结合起来开展幼儿讲述活动（见图 4-16、图 4-17）。教师可以根据课程的目标进行规划，并结合幼儿的兴趣，运用适宜的看图讲述方式来收集幼儿的档案。

大班语言观察分析表

幼儿姓名：**赵博宇**	班级： **大三班**		观察教师：**赵湘**
核心目标	1、完整流畅讲述的能力　2.运用符号表达想法		
观察时间	2014 年 6 月 4 日		
观察地点	户外		
观察环节	□入离园环节　□进餐环节　□集体活动　□过渡环节　☑户外活动 □区域活动		
实物介绍			
幼儿讲述 及观察 记录	幼儿讲述部分： "弟弟，你看看我画的，我这个是环保的画"（看着我：你画的内容是什么呀？怎么保护环境呢？）就是少开车，多坐公交车。（为什么呢？）这样路上就不会有很多车排放尾气，空气就变好了。" 观察记录部分： 　小宇拿着宣传画找了好几个人，但由于他开口慢，不等他说话弟弟妹妹就跑了。在老师的帮助下他终于给一个弟弟讲述了环保知识，在老师的不断提问下完成。		
教师分析	赵博宇不善于表现，所以这次的环保宣传对他来说是个锻炼。在户外的环境下干扰很多，但是可以看得出小宇还是很认真。虽然他在讲述过程中还需要老师不断引导才能断断续续讲完，但已经比以前进步了很多。		
教师的 计划	丰富语言的词汇量，鼓励小宇多讲话、多表现。提高口语表达的完整性和连贯性。		

图 4-14　看图讲述

幼儿照片

师幼互动记录：

　有三只小老鼠出去找吃的，他们发现了一个西瓜，他们就商量了一下说："咱们把西瓜推进河里划船，一边划一边吃。"然后他们三个要开始吃，吃呀吃，也划船了，结果有一个小老鼠不小心，因（为）把西瓜的皮给咬碎了，结果那个西瓜进水，然后他们就赶快把西瓜往回划，然后他们终于划上了岸，最后水都到西瓜里，它就渐渐沉到底了。

师：你这个故事编得很精彩，而且你知道你的故事哪个地方特别好听吗？就是"发现了一个西瓜，他们商量一下"，接着他们就把西瓜推到了水里，这地方编得很精彩。还有就是因为一个小老鼠不小心把吃了西瓜皮吃出一个洞，所以他们发生了危险，编得真好，顺利完成任务。

图 4-15　看图讲故事

83

《雪人》阅读记录单 2

亲爱的家长们：

感谢家长们的热情支持，我们陆续收到了孩子们关于《雪人》故事的记录，非常的详细、完整、流畅。

我们进行了分享和交流，发现还需要进一步提高孩子的**概括能力和语言表达的生动性**，在班里我们已经进行了相关的教育活动，还需要您的进一步配合。

要求：请幼儿用**几句话**对《雪人》进行概括，同时请家长结合绘本内容，引导幼儿**使用一些生动的词语**，如鹅毛般的大雪、喜出望外、白茫茫……

之后，我们还要进行集体的分享，做好准备，看看谁的故事更精彩啊！

《雪人》

少儿从梦中醒来，拉开窗帘，看到窗外下起鹅毛般的大雪，白茫茫的一片。他兴奋地跑出门外，堆了一个大雪人。雪人复活了，走进他的家，他率领雪人参观你的家，一起开心地玩游戏，一起吃丰盛晚餐。雪人带他来到雪人的世界，之外之上到处乱飞，在港口着陆。一会儿，又飞回了少儿的家，少儿和雪人伤心地道别，又回到梦乡。一大早，少儿跑出门外，结果看到雪人已成了一堆雪。

图 4-16　看图讲述无字书《雪人》

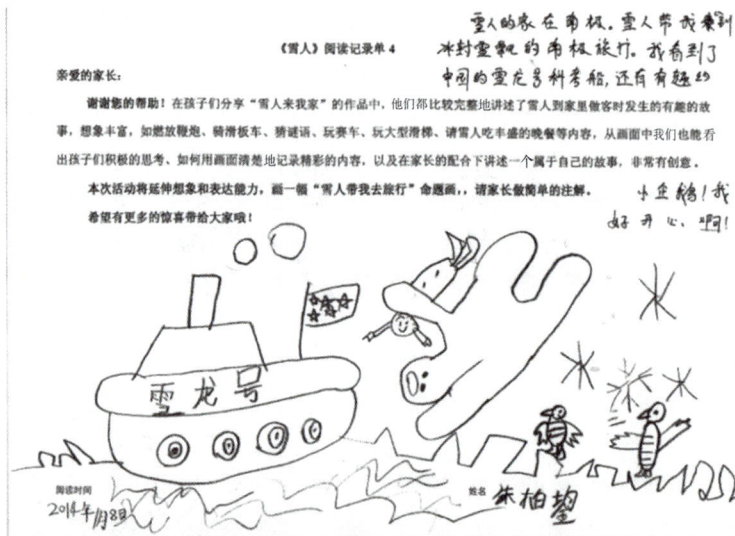

图 4-17　看图讲述无字书《雪人》

2. 故事讲述

教师选择幼儿感兴趣的故事，在阅读或讲述活动后请幼儿进行故事讲述。通过记录幼儿的讲述过程，我们能清晰地看到幼儿对故事的理解和语言表达的水平，可以此作为考查幼儿语言表达流畅性和完整性的一个活动（见图 4-18、图 4-19）。

图 4-18　在集体面前讲述故事

图 4-19　为同伴讲故事

3. 新闻播报

新闻播报是在幼儿园大班里一种常见的锻炼语言表达能力的方式。通常幼儿会在家长的协助下提前准备好播报的内容，在集体活动中进行播报。幼儿在播报新闻时的语言表达情况记录就是一种适宜的核心项目的档案。从幼儿播报新闻的整个过程中，我们可以很好地了解到幼儿语言表达的完整性和流畅性，甚至语言发展的其他指标也能够非常清晰地在其中呈现出来。新闻播报的内容可以涉及多个方面，既可以是幼儿易于理解的社会新闻事件，也可以是幼儿的日常生活事件，或者是幼儿容易理解的其他知识内容。例如，关于"大黄鸭来北京""芋头的知识""会飞的照相机"等，都可以成为幼儿新闻播报的内容。教师也可以将新闻播报延伸为一种以语言为主体的分享活动，让幼儿分享他们的出游见闻或者读书感受，这样的分享活动同样能反映出幼儿语言发展的情况（见图4-20、图4-21、图4-22）。

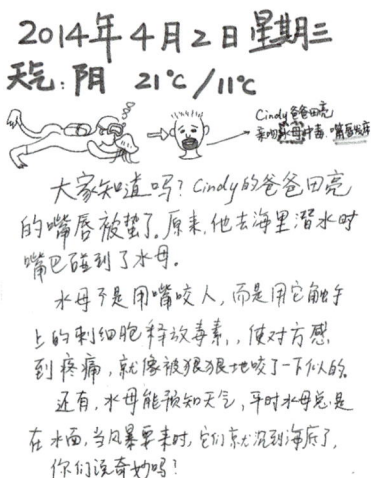

图4-20　家长帮助记录的新闻稿

图4-21　家长打印幼儿增添细节的稿件　　　图4-22　幼儿自己书写的新闻稿

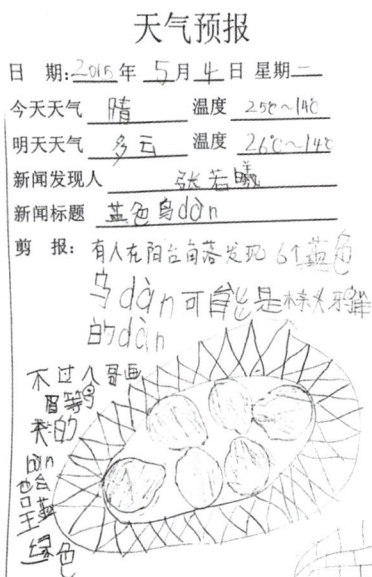

4. 口头作文

口头作文是幼儿阶段的一种作文方式，是指幼儿用口述、不用书写的一种作文，是在幼儿园大班中常见的一种锻炼幼儿完整流畅讲述能力的方式。因此，也是一种适宜收集幼儿能完整流畅地讲述核心项目的方式。口头作文涉及的内容非常广泛，可以是教师确定某一共同话题，也可以是幼儿个人感兴趣的话题，由幼儿进行口头讲述，家长帮助记录下孩子的真实语言，便可作为核心项目的一个作品放入幼儿成长档案中（见图4-23、图4-24）。教师需要与家长沟通强调的是，要真实客观地记录孩子的话，或者借助于录音、录像。

图 4-23　口头作文《离别前的话》　　图 4-24　口头作文《周末趣事》

（六）拟订收集计划

确定了核心目标，并围绕核心目标规划好教室活动后，在开始收集期的工作前，教师还要对收集期的各项工作有一个大致的时间规划，将其纳入班级日常例行工作中，为何时收集、选择、批注作品及何时整理档案规划可行的时间。因为，大多数幼儿园的现实情况是，日常保教工作满满当当，如果教师不提前计划好收集期各项工作进行的时间，评价活动将很难顺利开展下去。

二、收集期

（一）收集档案

1. 邀请幼儿参与收集

在开始收集幼儿档案前，教师应与幼儿一起讨论和分享什么是成长档案、为什么需要收集幼儿的作品作为档案，让幼儿作为自己档案的"知情者"。在实践中我们发现，如果教师在前期没有向幼儿介绍档案，很多幼儿并不愿意将自己的作品放入档案夹中，而是要拿回家和父母分享。因此成长档案的形成需要幼儿的有效参与。鼓励幼儿做一些力所能及的事可以激发他们参与的积极性。

（1）装饰档案封面

对于中班和大班的幼儿来说，教师可以鼓励他们设计具有自己风格的档案封面；对于小班幼儿来说，教师可以准备一些半成品请幼儿装饰，如小贴画等，建立幼儿对档案的归属感。

（2）为自己的作品盖上名字和日期印章

为幼儿准备便于取放的名字和日期印章，即便是小班幼儿也非常享受在自己的作品上印名字和日期，而幼儿能够自主完成这一工作将为教师收集作品提供很大的便利。

（3）将作品放入档案柜中

为班上的幼儿准备一个档案柜，请幼儿将完成的作品自主放到档案柜中，为定期选择作品做好准备。

2. 提高收集有效性的方法

除了鼓励幼儿参与其中之外，教师可以通过以下三种方式提高收集幼儿作品的有效性。

（1）明确说明活动的目标

例如，教师在请幼儿表达想法时应明确告诉幼儿尽量"把话讲完整"，只有让幼儿明确知道活动的目标，才能获得相应的档案。

（2）及时反馈

及时给予幼儿一些适宜的回馈，能让幼儿明确知道自己下一次活动的改进方向。例如，在看图讲述中，堂堂只是把每幅画的大致意思表达了出来，为了让他描述得更加生动，教师鼓励他："下一次在讲述前可以先仔细观察画面上的人物在做什么？""他们为什么要这么做？""如果你是他，心里会有什么想法？"通过具体的引导，堂堂在下一次的讲述中很好地考虑到这些方面，提升了表达能力。同时，教师的及时反馈也为作品批注做好了准备。

（3）简短批注

在把作品放入档案夹前，教师应尽可能快速地写一些简短批注，描述幼儿完成作品的情景，为今后选择作品提供具体的信息。

至于在一日活动中何时收集作品，与根据检核表收集观察资料一样，作品的收集也取决于收集的目标和活动本身的特点。例如，在集体美术活动中，我们可以同时获得幼儿"感受与欣赏"和"表现与创造"综合能力的信息；在区域活动中我们可以连续收集幼儿"在一段时间内对某种材料持续探索"的作品；在综合性的主题活动中，我们可以收集到幼儿在多个领域的档案。重要的是，在这一阶段中教师要引导幼儿有意识地将自己的作品放入档案夹中，以便之后从大量的作品中可以选出三幅具有代表性的。

下面列举我们在前面提到的恐龙主题活动的部分现场照片(见图 4-25、图 4-26、图 4-27、图 4-28)及档案实例(见表 4-9 至表 4-14)。

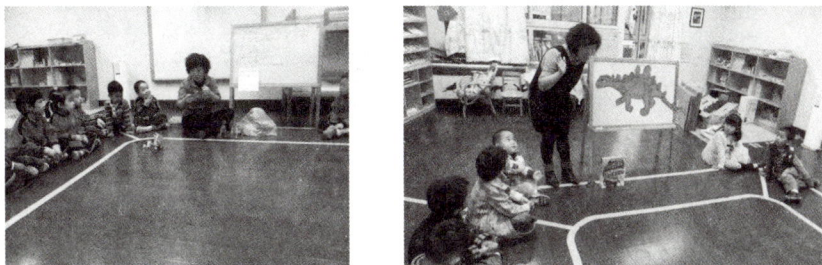

图 4-25　关于恐龙的讨论

(a)

(b)

(c)

(d)

图 4-26　关于恐龙的艺术创作

图 4-27　恐龙故事表演

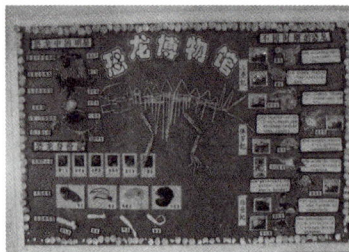 

(a) (b)

(c) (d)

图 4-28 恐龙博物馆展览

表 4-9 档案记录表一

幼儿姓名：<u>朱朱</u>　　　　班级：<u>混龄四班(大班组)</u>

观察教师：<u>滕瑾</u>　　　　观察时间：<u>2013 年 10 月 28 日</u>

领域	语言
核心目标	完整流畅地讲述
活动名称	主题活动中的对话：关于恐龙，我知道什么、还想知道什么
活动照片	

观察记录	滕老师："你们知道恐龙是哺乳动物还是爬行类动物吗"？ 朱朱："滕老师，恐龙应该是爬行类动物，不是哺乳类动物。因为哺乳类动物是不生蛋的，而恐龙不是直接生小恐龙，是生恐龙蛋再孵出小恐龙。" 滕老师："好，朱朱告诉我们一个知识，动物分为哺乳类动物和爬行类动物，有的生蛋，有的直接生出动物宝宝。比如，猪、老鼠都是直接生小猪宝宝和小老鼠的，它们是哺乳类动物。而爬行类动物是生蛋的，你们还知道哪些生蛋的动物呢？" 朱朱："燕子、喜鹊、麻雀。" 滕老师："好，我们来看一下，'关于恐龙，我还想知道什么'，还有什么要补充的？" 朱朱："我想知道，那时候没有人，我们是怎么知道恐龙生活的时代和名字的？"
教师分析	在说明恐龙是爬行动物时，朱朱的表述很清晰，她已经会用表示因果关系的连词，使自己的语言完整、流畅。朱朱对恐龙的了解很丰富，她最后提出的问题也很有启发性，或许这能为我们引入恐龙化石、考古等方面的探究。
教师计划	1. 提供恐龙化石、考古等方面的图书来支持幼儿开展探索活动，鼓励幼儿用语言分享他们的发现。 2. 投放沙盘让幼儿尝试体验考古挖掘，说说自己的感受。

表4-10　档案记录表二

幼儿姓名：朱朱　　　　　　班级：混龄四班（大班组）
观察教师：滕瑾　　　　　　观察时间：2013年11月4日

领域	语言
核心目标	完整流畅地讲述
活动名称	恐龙分类
活动照片	

观察记录	我的问题刚一提出，石头就说："我知道鱼龙是生活在海里的。"程程提出了不同看法："不对，鱼龙是生活在陆地上的，它是恐龙的亲戚，是爬行类动物"。朱朱急忙举手说："我知道，我在书里看到过，鱼龙是爬行类动物，它不是恐龙，但它是生活在海里的，你们可以看一下那本书。"
教师分析	朱朱的表现让我有点诧异，她在班里是一个不爱争论的孩子，很多时候即使不赞同也只是摇摇头，从不急着发表观点。她今天却主动表达自己的想法，她对自己从书上看到的信息坚信不疑，也愿意说出来解答大家的疑问。
教师计划	肯定朱朱能表达自己不同的观点，鼓励她继续尝试。

表4-11　档案记录表三

幼儿姓名：朱朱　　　　　　班级：混龄四班(大班组)

观察教师：滕瑾　　　　　　观察时间：2013年12月27日

领域	语言
核心目标	完整流畅地讲述
活动名称	恐龙博物馆小小讲解员：我来介绍恐龙
观察记录	我介绍的是马门溪龙，它的脖子是最长的，脖子和尾巴之所以那么长是为了保持身体平衡，还因为它在进化过程中为了吃到新鲜的叶子而越变越长。因为马门溪龙的脖子长，它吃进去的东西要很长时间才能到肚子里，所以它每天都在吃东西。
教师分析	朱朱非常清楚地介绍了马门溪龙的特点。马门溪龙是我们在参观博物馆时讲解员曾介绍过的恐龙，她基本是一字不落地讲了出来，说明她当时听得非常专注。
教师计划	朱朱语言的完整性已经很好，我们希望她在之后的介绍中能加入一些肢体动作和自己的理解，使表达更生动。

表4-12　档案记录表四

幼儿姓名：美滋　　　　　　班级：混龄四班(大班组)

观察教师：滕瑾　　　　　　观察时间：2013年11月12日

领域	美术
核心目标	运用不同材料进行艺术创作

活动名称	使用精致积木拼摆恐龙
活动照片	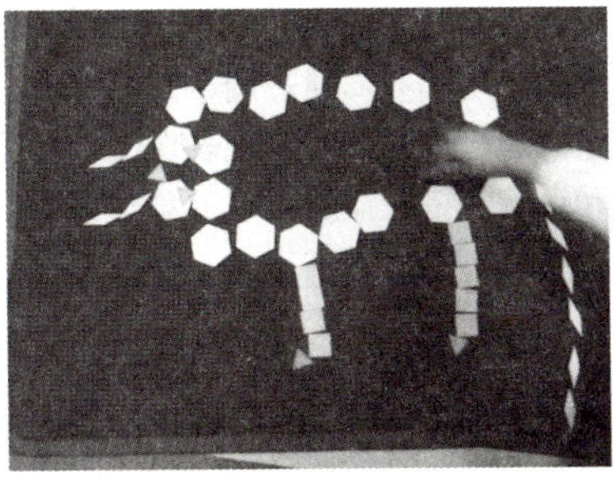
教师分析	这是美滋第一次尝试用精致积木搭建恐龙的身体,她更多地运用了镂空的方式。她搭建的是三角龙,她用绿色的三角形表示三角龙的三个角。从一开始不喜欢恐龙到现在能抓住恐龙的特征,再到利用精致积木拼出恐龙的身体,并尝试表现出恐龙的很多细节,美滋有了很大的进步。但她只是搭出来一个框架,对于用精致积木表现恐龙还需要进一步探索。
教师计划	我们需要鼓励她多观察恐龙的图画,了解恐龙的身体细节,并提供探索的时间。

表 4-13　档案记录表五

幼儿姓名:美滋　　　　　　班级:混龄四班(大班组)
观察教师:滕瑾　　　　　　观察时间:2013 年 11 月 20 日

领域	美术
核心目标	运用不同材料进行艺术创作
活动名称	使用精致积木拼摆恐龙
活动照片	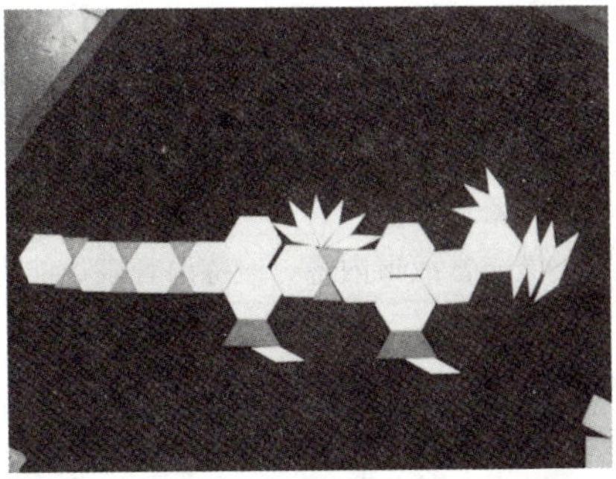

第四章　幼儿成长档案

教师分析	伴随幼儿园恐龙主题的开展,美滋对恐龙的兴趣也越来越浓厚,相比较于前一次的作品,我们可以清楚地发现她对恐龙身体形状的把握越来越到位,她能使用小菱形通过调整方向展示出恐龙脚趾的走向,而她拼摆出来的粗粗的尾巴、头上的角也表现出了恐龙身体的典型特征。尤其是尾巴的花色和形状的搭配显示了美滋对材料特点的了解与运用,很有美感。
教师计划	可以鼓励美滋拼摆不同种类的恐龙,并尝试拼摆出故事情景。

表4-14 档案记录表六

幼儿姓名:美滋　　　　　　班级:混龄四班(大班组)
观察教师:滕瑾　　　　　　观察时间:2013年11月28日

领域	美术
核心目标	运用不同材料进行艺术创作
活动名称	使用精致积木拼摆恐龙
活动照片	
幼儿描述	"我拼的是一个霸王龙,滕老师,你看它的嘴巴是张开的,它想要吃掉小盾龙!"
教师分析	美滋在运用精致积木方面表现得越来越熟练,一些细节的处理让人看了惊喜不已——霸王龙的爪子、尾巴、身体、张开的大嘴,每一块积木的运用都恰到好处。在这幅作品中,美滋不再是拼单只的恐龙,而是开始尝试表现出一些情景,她拼了两只面对面的恐龙,还拼了大树和太阳,画面充满了趣味。
教师计划	鼓励美滋丰富故事内容,锻炼语言表达能力。

作业单

各位家长：

我们老师和孩子们在进行有关班级主题活动“恐龙的秘密”的讨论中，孩子们决定要进行恐龙故事的表演，本周请家长在家和孩子一起编一个有关恐龙的故事（故事的名称、恐龙的名称），并与周一带来。

具体创编人员及类型如下：

三叠纪：以好玩的故事情节贯穿。

人员：杜雨萱、孙楷煜、李润祺、张文玥、周依桐、许旭宁、魏弘毅

侏罗纪：以可怕的故事情节贯穿。

人员：霍东昊、纪一岚、刘鹏博、安博迅、张博程、任效言、黄允凡

编写故事内容：（可附页）

我不想放屁

从前，有一只跳跳龙，很爱放屁，它放的屁又臭又响，地动山摇，所以大家叫它“屁屁龙”。

有一天，它和小恐龙伙伴们在湖边玩，正玩得开心的时候，它放了一个屁，“嘭……”，小伙伴不知道发生了什么事情，吓得四处乱逃，只剩下跳跳龙一个人在湖边，它大声喊着“不要怕，不要怕，是我放……”。话还没说完，小朋友已经不见踪影。跳跳龙伤心地回到了家里，它对妈妈说：“我真的不想放屁。”妈妈一听就知道发生了什么事情。妈妈对跳跳龙说：“吃饭太急、太快，消化不了，就容易放屁，以后吃饭不能狼吞虎咽的吃太急。”跳跳龙代着头说知道了。跳跳龙为了让自己不放屁，它晚上一口饭也没吃，结果第二天早上它就生病了，它什么都不想吃。这时，突然听见有人进来，原来是它的恐龙小伙伴们来看它了，跳跳龙高兴极了，小恐龙们说：“你每顿饭不要吃太多，但也不能吃太少，很容易生病，~~这样以后就不会放屁了~~。”小恐龙们还给跳跳龙带来了很多好吃的，跳跳龙在吃了这些美味后，病一下子就好了，它们又一起快乐地出去玩了，它们一起捉蜻蜓，扔石头、编花环，度过了美好的一天，这一天，跳跳龙再没有放过屁。

图 4-29　亲子故事作业单

主题活动因为其自身的综合性，往往可以涵盖多个领域的目标，而大多数的教学班都会开展不同的主题活动，教师只需提前渗透核心目标，设计作品的呈现方式并及时捕捉，便可像之前提到的恐龙主题活动一样收集到丰富的幼儿作品。

（二）选择作品

对于小班幼儿来说，我们不应期望他们能为自己的档案选出有意义的作品，因此教师可以为幼儿选择出代表他们成长的作品。对于中班和大班的幼儿来说，我们建议教师每隔两周或一个月，邀请幼儿一起回顾并选择作品。在实践中，很多教师能有效地利用集体活动或区域活动后的分享环节，为选择作品提供有效的信息。例如，在每次区域活动后，教师请幼儿介绍自己的作品：是什么内容？哪里最有趣？用了哪些材料？遇到了什么困难？怎么解决的？如果

再做一次你想怎么修改？你想听听其他人的意见吗？……通过讨论、定期回顾和比较，幼儿逐渐能够较明确地选择出适宜的核心项目档案作品。

例如，在"能有目的地选择适宜的材料或形式表达自己的感受和经验"这一目标上，教师通过一个学期有意识地收集材料的作品，发现晨晨很喜欢也很擅长用水彩笔和彩铅笔绘画并表达自己的想法。她在学期初画的所有人都是"十"字形的，拍球、举彩旗、拿东西等，不论人物做什么事情都是双臂水平张开。到了学期中，晨晨可以较灵活地根据人物动作画出相应的手臂方向，如侧面互送礼物、正面向上跳起、生气叉着腰等。在学期末，晨晨不仅能准确地表现出手臂的方向，更开始展现出"立体"的概念，如女孩子的裙角有了前后空间的变化。虽然这一改变看似简单，但反映出晨晨在核心目标方面的进步，她需要花一个学期的时间去观察和尝试。图 4-30 便是教师与晨晨一起挑选出的三幅代表她进步的作品，当她看到这三幅作品的变化时，她感到很惊喜。

(a)《我和妈妈去马甸公园》，
绘于 2013 年 10 月 13 日

(b)《我和我的好朋友们》，
绘于 2013 年 11 月 24 日

(c)《要毕业了，我很难过》，绘于 2014 年 1 月 20 日

图 4-30 一名大班幼儿在学期初、学期中和学期末不同时期的作品

（三）为作品批注

在收集和选择幼儿作品时，我们建议教师有意识地使用观察和由幼儿介绍的信息对幼儿的活动或作品进行批注，为之后的分析和指引教学提供客观的参考信息。

1. 批注的原因

（1）说明没有产生作品的幼儿活动

很多时候，幼儿的语言活动尤其是口语表达类的活动、数学及科学领域中探索材料的活动等，都不一定会产生幼儿的作品。教师要想呈现幼儿的学习状况就需要在活动照片的基础上使用文字辅助记录（见例15）。需要注意的是，教师的批注一定是客观的观察，而不是主观的判断。这方面的内容可以参照第三章中观察记录的相关说明。

例15：

语言领域的幼儿活动批注　　　　数学领域的幼儿活动批注

（2）补充不易看出的作品信息

虽然支持档案评价的主要形式是幼儿作品，但有些作品本身所能传递的信息有限，需要额外的说明才能反映出幼儿活动和发展的状况，这样的作品就需要教师在观察幼儿活动的基础上进行适当的批注。档案收集中的观察主要关注幼儿是如何做的，即幼儿的活动方式。例如，例16中的小班手掌拓印活动，虽然每个孩子都完成了拓印作品，但通过观察我们发现，幼儿们在尝试用手与颜料互动时的状态都不尽相同。

例 16：

蘸完颜料，露露张着手指在白纸上印了下，她没有完全放下手掌，因此她的手印只有部分手指，也许是第一次尝试有些紧张，后来在老师的鼓励下，她慢慢地放开紧张的小手，印下了整个手掌。	之牛边印边笑着说："伸出小手，碰碰颜料，亲亲白纸。"（这是老师教拓印方法时说的）每印完一个都停下来看看，有时还邀请老师也欣赏一下。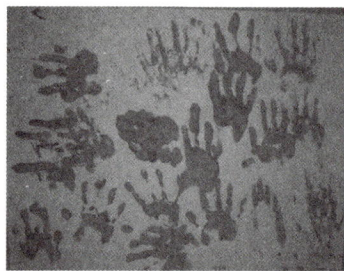

　　从上面的例子中我们不难看出，两个孩子在活动过程中的状态各有特点，如果只是单纯地呈现作品，就会遗漏这些重要的信息。因此我们建议教师在收集作品时，尝试辅助观察进行批注。

　　需要注意的是，能产生幼儿作品的活动，其档案一定要体现以作品为主的精神，教师所做的批注要尽量简短，能够批注出重要信息即可。"要记住不要做得太过度。其实，大部分的学习本身就很重要，而不是因为记录而重要。"①

　　（3）备注"看不懂"的幼儿作品

　　由于艺术表达是一件非常个性化的事，很多幼儿的作品，尤其是处在涂鸦期或是从涂鸦期向象征期过渡的小班幼儿的作品，我们很难推断出孩子想要表达的内容。我们先来看一组幼儿作品（见例 17），感受一下在作品背后孩子丰富而敏感的内心世界。

---

　　① ［美］马戈·迪希特米勒、朱迪·雅布隆、阿维娃·多尔夫曼等：《作品取样系统：教室里的真实性表现评价》，95 页，南京，南京师范大学出版社，2009。

例 17：

"我画的是从万花筒里看到的图形，好多颜色，特别好看。"（小班）

"我和妈妈一起去旅游，大的像花一样的棉花糖，波浪曲线的长线条是小草，黑色的圆点是红花，白色的圆圈是白花。"（小班）

"这是一个一个的车位，有的是直的，有的是拐弯儿的。"嘟嘟从家到幼儿园每天都要经过长长的停车场。（小班）

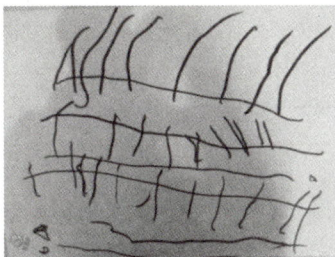

"这是一棵打嗝树，它感冒了，打了很多喷嚏，喷嚏上都是水。工人给它浇了很多水，它喝了很多水之后病就好了，也不咳嗽了，也不打喷嚏了，后来就长成了大树。"（小班）

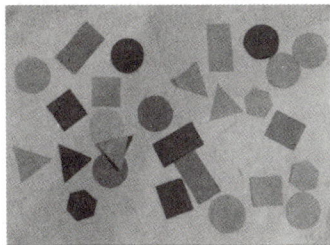

"火山爆发了，然后火箭倒裂，这是传统计划，天使在天空中要把火箭按下去。火箭掉下来摔死了，火山爆发岩浆出来把小人给热死了。"（中班）

上面的几幅作品，如果没有文字批注，我们几乎不能看懂其内容是什么，也很难做出适宜的评价；或者仅凭第一印象从成人的审美标准出发，也许会对幼儿的作品给予不公平的评价。但是通过简短的文字批注，我们就能够了解幼儿所具有的经验、内心的想法及丰富的想象，也更好地理解了"美术是幼儿的另一种语言"。由此可见批注的必要性。

2. 批注内容

批注内容具体可以包括以下三个方面，我们分别以实例来说明。

(1)活动过程中的幼儿语言

例 18：

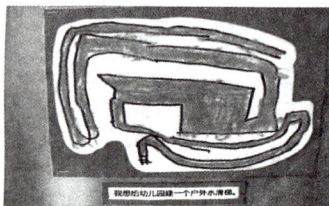

> 依依对我说："老师你看，我画的是水滑梯。"玥玥看了说："这哪是水滑梯呀，这就是水嘛，水要在水滑梯中间流。"依依听了就用黑色水彩笔很快地在蓝色的两边画上了边框。(中班)

在这个案例中，通过幼儿在活动过程中的语言信息，我们了解到幼儿是如何完成这幅作品的。

(2)活动过程中幼儿的动作

例 19：

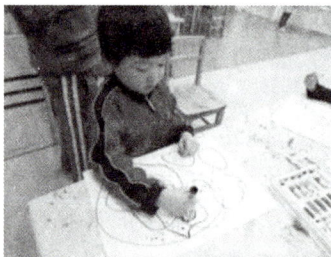

> 尘尘拿起笔就开始画大大小小的圆和点，他的笔几乎没有停过，在纸的各个角落上画。后来越画越快，一直画连续的绕线，并伴有"呜——"的声音。"这些都是赛道，没有赛车，因为太快了！"(小班)

在美术活动中，动作不仅反映幼儿的美术能力，也反映他们的认知水平，因此教师对幼儿动作的记录很有必要。

（3）幼儿对作品的介绍

例20：

这是我爸爸，他是光头，他最大。我妈妈的头发最长。这些圆圈都是梦，我每天都做很多的梦。（小班）

这个是我做的小人，他还没学会骑滑板车，他倒车的时候，后边有一个石子儿。小人正在弯腰回头看，腿快碰到轱辘了。（中班）

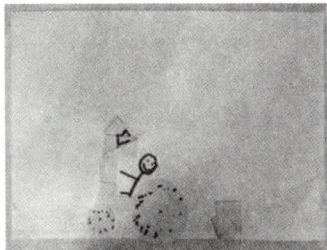

我画的是一匹仙马，它的后背长了两个翅膀。有一个小女孩在抬头看这个仙马，她很好奇，没见过这样的马。马的身体里是大马的心、胃和肠子什么的。人的身体是这样的，我觉得只要是有血有肉有眼睛的东西，他们的身体里面都是这样的。底下是大马拉的便便。（中班）

这是长颈鹿在吃树上的叶子，因为长颈鹿的脖子很长，树很矮，所以长颈鹿的前腿要弯曲，撅起屁股才能吃到新鲜的叶子。（大班）

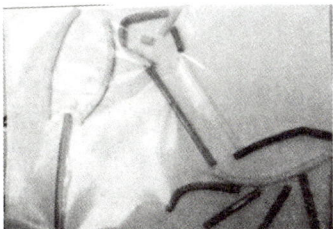

无论是哪个年龄段幼儿的作品，加入了语言的补充能让我们看到孩子更丰富的内心世界，而不仅仅是以技能来看作品"像不像""好不好看"。

（四）分析作品，指引教学

1. 围绕核心目标进行分析

核心项目的评价只根据该领域的核心目标进行，即使它也体现出幼儿其他领域的发展。例如，一名教师请幼儿画了一幅自画像，该幼儿虽然介绍自己画了 5 根头发、衣服颜色等外貌特征，但如果教师是把自画像作为体现幼儿绘画能力的档案，就只需要围绕美术领域的核心目标进行分析，不应在分析中同时涉及幼儿数学能力和语言能力的发展。下面是围绕语言领域的核心目标进行分析的例子。

例 21：

表 4-15　档案记录表

幼儿姓名：好好　　　　　　　班级：混龄四班（中班组）
观察教师：孙宁　　　　　　　观察时间：2015 年 4 月 9 日

领域	语言
核心目标	愿意与他人交谈自己感兴趣的话题
活动名称	讲述自己在周末的高兴事（先将事情画了下来）
作品	
幼儿讲述	"妈妈带我去看花展了（事后和妈妈证实是花卉市场），里面有很多花，黄色的花很漂亮，我特别地喜欢。"（她把头转向我，看着我笑）我说："怎么了？接着讲呀。"她说："我讲完了"。我看了一眼她的画，问："那里的花都一样大吗？"她说："不一样大，有的大有的小，（想了一下）有点像幼儿园以前的菊花。"
教师分析	好好讲述的情节比较简单，但很清楚，重点突出，她在周末的高兴事就是看到了自己喜欢的花。她以前不是很爱说话，现在能够在集体面前很自然地讲述自己感兴趣的事情，这对于她来说是很大的进步。
教师计划	多鼓励好好在集体面前讲述，在讲述前先和她进行交流，帮助她更好地组织语言。

2. 分析作品要体现对幼儿年龄特点的理解

我们先来看下面三幅作品（见例 22）。

例 22：

我给乌龟画了小床。

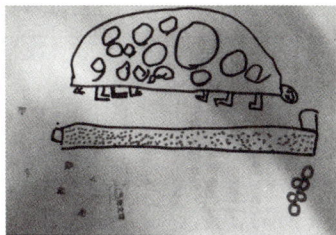

我画了个长颈鹿，这个大尾巴是松鼠借给长颈鹿的。

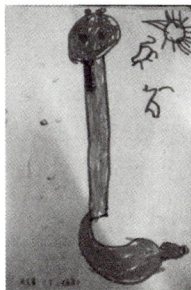

这是大象的大脸，它还有一个长鼻子和两条腿。

这是三幅典型的小班幼儿作品，幼儿用夸张、概括的方式，展现了眼中独有的动物形象。可惜的是，在教师的分析中却只看到"幼儿画的乌龟的纹路不准确""长颈鹿和大象的形象不完整，一个忘画腿、一个忘画象牙"。不管是哪个领域的作品解读，教师一定要基于幼儿本身的年龄特点来分析，如小班绘画中特有的透视性、夸张性、概括性等（见例 23）。

例 23：

《我和妈妈一起锻炼》，妈妈和我戴着手套，但手套里的手指清晰可见。

《我和妈妈飞上了天》，我们不仅靠抓着气球飞上了天，连身体也变成了鼓鼓的、充了气的样子。

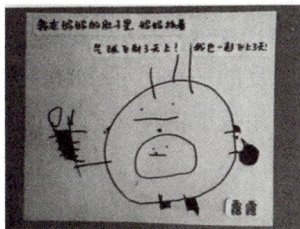

《公交车》，幼儿只画了公交车里他印象最深的刷卡机、车顶晃动的扶手和颠簸的车轮。

3. 分析要避免过度解读

我们先来看下面两个例子。

例 24：

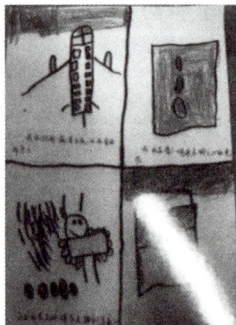

幼儿自述：和妈妈坐飞机回北京。绿色方块是电影院的荧幕。下面的黑色圆点是羊屎（捂着嘴巴笑），我在兰州喂羊时踩到屎了！

教师分析：整个画面分为四个板块，每个板块之间没有联系。画面构图非常简单，涵涵用最简单的图形表现了飞机、电影院和山羊。飞机的翅膀只有一条直线，电影院只是一个长方形，而山羊的腿也只是两条线。他享受的只是绘画的过程。在画面的构图、色彩的运用以及细微的表现方面，没有用到任何技巧。

在例 24 的作品中，虽然幼儿用绘画表达了非常丰富、富有童趣的情景，但教师似乎只从绘画技能的角度评价了幼儿的作品，忽视了儿童本身对经验和想法的表达，这是教师在作品分析中特别要注意避免的一点。

另一个极端是，教师在分析作品时从技能的角度过度正面肯定幼儿的作品。例如，"用黄色，说明幼儿是个阳光的孩子。""给小兔子画上笑脸，反映出幼儿可爱、善良的一面。"再如例 25，教师对这幅作品的分析，显然超出了幼儿在表达时使用技能的主观意愿。

例 25：

教师分析：绘画作品合理地运用了圆形、长方形、短线、长线、五角星等不同元素进行组合，画面内容清晰、和谐，合理地运用了上下、前后空间，画面层次鲜明，整个画面的线条较为流畅，草地用连续的波浪线镂空表现，天空云朵用填满的方式表现，这种对比的方法使画面富有层次感与流动性。

4. 计划要具体，体现指导的意义

我们希望，通过教师的分析评价，最终实现改进教学、促进幼儿发展的目的。因此在幼儿档案的分析中，我们建议教师一定要基于活动和作品本身提出具体的意见，使改进教学、支持幼儿个别化学习成为可能。

例26：

	幼儿讲述：从前有头大象，它看见三个小动物掉进河里了，然后大象的身上也脏了，它刚想跳下去洗澡，然后就把三个小动物弹飞了，然后大象就有点不好意思，然后就用鼻子把水浇到小动物们的身上，给小动物们洗澡。
教师分析：这是由四幅图组成的看图说话内容，从堂堂的讲述中可以看出，他只是简单地把每一幅图画的大致意思表达出来，中间没有更多情节的延伸，他喜欢用"然后"一词将四幅图连贯起来。	教师计划：在讲述前可先引导幼儿观察一下每一幅图的内容。例如，在第一幅图中你看到了什么？三个小动物为什么在水里？从哪里看出它们很高兴？如果你是小象，你有什么想法？

在这个案例中，教师根据幼儿的表述情况做了具体的分析，并根据分析提出了切实可操作的教学计划。

三、收集期结束

（一）与幼儿分享他的成长和发展期望

收集期结束，教师可以将档案整理好分享给幼儿。在翻阅的过程中幼儿不仅可以看到自己在这一个学期内的成长，获得成长的满足感和自信心，更能在教师的介绍中，了解自己今后的学习需要。

（二）让家园沟通有了专业的亮点

在日常与家长的沟通中，家长很期望了解孩子学习成长的细节。有了幼儿成长档案，教师对幼儿的成长不是泛泛而谈，而是可以聚焦到个人成长的具体表现上。通过幼儿成长档案，家长能直观地感受到孩子一个学期的成长变化，了解孩子个性化的学习方式，以及班级课程对幼儿的有效支持，进而使家园共育更加具体有效。

第五章　幼儿发展综合报告

第一节　综合报告的作用

一、总结幼儿一个学期的进步和需要关注的地方

综合报告最主要的作用就是将检核表中幼儿发展的全景式资料和档案中幼儿发展的过程性资料进行概括、总结，使幼儿发展的过程性评价与终结性评价有机结合，对幼儿一个学期的进步和发展做出总体描述，说明幼儿需要获得关注的地方，并提出相应的教育建议。

二、为下个学期的课程规划提供支持

通过整合检核表和档案中的幼儿资料，教师能有效地发现每一个幼儿在一个学期中的学习和发展情况。在教师规划下一个学期的课程与教学时，这些信息将成为有效的参考资料，使课程和教学更加适宜，满足幼儿共性和个性化的发展需求。

三、帮助家长了解自己的孩子

比起在检核表和档案中教师相对专业的记录与分析，综合报告以更加易懂的方式让家长快速了解自己的孩子在多个领域的发展状况。由于家长是综合报告的主要参阅者，教师在撰写时会有意地传递简明、清晰的信息，帮助家长明确孩子的优势、进步以及今后需要关注的地方。

第二节　撰写综合报告的方法

一、回顾一个学期收集的资料

在撰写综合报告前，教师需要认真地回顾关于幼儿的观察记录、检核表、档案及家庭提供的资料。虽然在收集期前和收集期中并没有撰写综合报告的工作，但如果前期教师能有意识地整理和挑选一些适宜的例证，如我们前面所强调的在检核表备注一栏标注具体说明以及为幼儿的档案做批注，将为收集期结束后顺利地撰写综合报告提供便利。

二、做出等第评价

如果选择的是叙述版综合报告，便不涉及评价等第的事宜。如果选择的是标准版综合报告，则需要根据不同的评价标准对幼儿检核表和档案中的表现及进步做出"符合期望"或"需要加油"的等第评价（详见第一章第三节）。

值得注意的是，幼儿表现等第和进步等第并不总是一致的。例如，一名幼儿在检核表和档案中的表现都符合期望，但与他自己比，一个学期并没有什么进步，那他的进步就低于期望；相反，如果一名幼儿在检核表和档案中的表现都尚未达到标准，但有快速的进步，虽然他的表现还需要加油，但他的进步超出了期望。

同样，检核表和档案中的表现等第也不总是一样的（见表 5-1）。因为检核表反映的是幼儿在某个领域的整体发展状况，而档案反映的是幼儿在领域内一部分相对重要的能力上的发展状况。所以，当幼儿在领域内的大部分发展状况都较成熟而仅是核心目标的学习相对较弱，或是幼儿在核心目标的发展非常优异但领域内其他发展目标普遍较弱，都会出现检核表与档案等第不一致的情况。

表 5-1　检核表和档案中的表现等第不一样的语言领域综合报告

表现：检核表——符合期望　　　档案——需要加油
进步：符合期望
综合评述 　　这一学期熙熙在语言表达上有了明显的进步。之前在集体活动中她总是用微笑来回答，即使说话也很小声。这个学期她经常会与伙伴讲述自己的所见、所想："这个小碗真好看""你看，这个花瓣很有意思""我在日本也看到过陶瓷"等。 　　在陶瓷展当讲解员时，熙熙会把自己的感受与大家分享："这些陶瓷作品在古代的时候都是用手制作的，很像我们玩的纸黏土，但是又不太一样，纸黏土做完一会儿就能干，很轻，但是陶土做的不容易干，要想好看，还要经过很多程序。" 　　熙熙比以前活跃很多，相信只要多给她表达的机会，多一些肯定和鼓励，她的自信心和主动性还能够有所提高。

三、撰写评语

填好等第后，教师就可以为幼儿在每一个领域的发展写一段评语。

（一）评语的内容

综合报告中评语的内容具体可以分为以下几个方面。

1. 幼儿的优势和需要关注之处

综合报告首先要呈现的是幼儿独特的学习方式、兴趣和成就，然后叙述那些有困难、需要提升之处。与检核表和档案的出发点一样，综合报告的首要目的是发现每一个儿童，了解他们能做到的，其次才是通过评价改进教学呼应幼儿的个别化发展，教师传递积极正向的态度很重要(见表 5-2、表 5-3、表 5-4)。

表 5-2　展现幼儿优势的美术领域综合报告一

一级指标	幼儿的发展
感受与欣赏	之牛很喜欢用语言表达自己对事物特点的感受，如在波普艺术活动中，之牛说自己很喜欢那幅绿色的肖像，因为他觉得那个阿姨好像在森林里，浑身都映满了绿色。这样的感知和表达也为他的艺术创作积累了大量的视觉经验。
表现与创造	几乎每天之牛都会选择美工区进行活动，用他自己的话说，他已经成为"美工区的专家了"。的确，他总是非常愿意用美术的方式表达自己对事物的新鲜的感受和喜好。在观看电影《变形金刚 4》后，他持续一段时间在美工区画变形金刚连环画。在尝试使用油泥进行创作时，之牛从最开始只做一些简单的蜗牛，到后来用了一周的时间为蜗牛搭建了一座颇为复杂的房子，再到最后的汉堡人、敞篷车等，之牛的作品越来越丰富、富有创造力。此外，之牛的美术创作有一个很突出的特点：他总是一边创作，一边用语言描述自己的想法、作品呈现的效果和自己的感受。这样的方式使他每次在艺术创作活动中都能形成明确的创作意图，可以说之牛在语言表达能力方面的优势很好地促进了他的艺术表达能力的发展，语言方面的构思使他的创作意图更加完善。相信他的这些优势会让他在美术方面有更多的收获。

表 5-3　展现幼儿优势的美术领域综合报告二

一级指标	幼儿的发展
感受与欣赏	聪聪对日常生活中的新鲜事物充满了好奇，常向老师表达一些新奇的想法，如"老师，红色真像是一只着火的蝴蝶，不过我画一个水盆把它浇灭"。新奇的想法让聪聪有丰富的创作灵感，他总是和其他小朋友的想法不一样，让我们刮目相看。
表现与创造	聪聪的想象力可以让他对一件事情有很长时间的专注度，从而创作出色彩鲜明、富有情节的作品。聪聪能够清晰地讲解自己在创作时的想法，并且喜欢探索新的区域材料，如用纸黏土做小动物，用陶泥制作自己喜欢的器具等，他的想法和表现总是一次又一次地冲击着我们。

表 5-4　展现幼儿优势和需要关注之处的美术领域综合报告

一级指标	幼儿的发展
感受与欣赏	从表情和行为上，我们能看出梓琪很喜欢观看和欣赏美的事物，自然角的花花草草、班里小朋友的卡通外衣、教室里的新变化都能让他开心地关注好久。下一阶段我们希望鼓励梓琪能用语言大胆地表达出自己的感受，与更多的人分享他的快乐。
表现与创造	梓琪在学年末的这一阶段，在美工区的自主活动多了起来。绘画时，其涂鸦表现减少，形象逐渐鲜明起来，其情绪也很愉悦。而且画面内容也逐渐丰富，出现很多自己的想法。但他不太愿意被别人关注，每当别人看他的画时他总是停下来，或用手挡住，下一阶段我们希望通过鼓励能增强他的自信心。

2. 幼儿目前的表现及伴随时间的进步

　　"进步"是综合报告很重要的焦点，尤其是对那些发展有些缓慢和存在学习困难的幼儿，描述他们的进步将起到鼓舞和激励的作用。在撰写综合报告之前，教师可以先查阅之前的综合报告，通过比较呈现幼儿的进步。

　　表 5-5 是教师分别在三个学期为一名幼儿撰写的综合报告，通过比较，我们能清晰地看到幼儿连续的变化和发展。

表 5-5　一名幼儿在三个学期的美术领域综合报告

填表日期：2013 年 12 月 25 日

一级指标	幼儿的发展
感受与欣赏	在逐步摆脱入园分离焦虑后，露露有了很大的进步。刚入园时，她总是不敢开口说出自己的想法。因为妈妈喜欢给露露穿颜色鲜艳的衣服，所以每天早晨入园时我都会很惊喜地夸一夸她漂亮的衣服，"你今天穿了一件有好多颜色的毛衣，看起来像彩虹一样！""你的红衣服还有帽子呢，你是小红帽吗？""露露的粉色鞋子像棉花糖一样……"随着露露情绪的稳定，渐渐地我发现她很喜欢和我分享她对衣服、发饰的看法，"胡老师你看，我的袜子上有花纹，悠悠的发卡有好多的亮片……"到最后，她终于把这种对美的发现扩展到自己的作品上来，她很愿意和别人分享自己的作品。

一级指标	幼儿的发展
表现与创造	与其他区域相比，露露选美工区的次数比较多。虽然露露的分离焦虑比较严重，但她在美工区活动时，情绪平稳、认真专注，会持续进行 30 分钟不中断，我们可以看出她很喜欢美工区。例如，在"贴羊毛"活动中，她连续 3 天进入美工区一共做了 5 幅作品，从单纯地横着贴、竖着贴到后来垂直交叉贴，她在探索中创造了自己的新方式。露露情绪稳定的过程比较漫长，虽然入园近 3 个月，但她每天早晨还会抹眼泪。她其实是个爱说爱笑、思维敏捷的孩子，我们也在尝试通过她喜欢的美工活动尽快帮她建立起与老师的依恋关系，适应幼儿园生活。

填表日期：2014 年 7 月 20 日

一级指标	幼儿的发展
感受与欣赏	除了会用简单的语言说一说自己的作品，露露较少与老师分享自己对事物的观察和感受，但这并不能表明她不是一个细心的观察者和富有创意的描述者。在阅读区，露露的身边从不缺乏聆听的小观众，她会拿起一本书指指点点，声情并茂地讲述上面的每个小细节。身边的小观众聚集得越多，她讲得越兴趣盎然。可只要老师一靠近，她就不好意思地把书一扣，咧嘴笑着问我："干吗?"我相信在我看不到的地方，露露一定有一双发现美的眼睛，一颗感受美的心灵，只是现在她更愿意与孩子分享而不是成人。想起那个在上学期时时处在分离焦虑中爱哭的露露，此时的她已经开始带一小部分小朋友进入了她的世界，相信很快露露就会完全打开自己心里的那扇大门。
表现与创造	露露在美工区的活动状态越来越专注，持续的时间也越来越长，充分地探索和尝试使她的作品呈现出了鲜明的特点。她会将油泥分割成小块用胶棒贴在纸上表示蛋糕，会将彩色纸条撕成小块贴到葡萄底纸的外面表示掉下来的葡萄，会用纯黑色涂满小羊的身体突出它鲜艳的头部，更会富有创意地用油泥搓圆装饰小羊的身体。在尝试用剪刀剪下自己的作品时，露露从最开始因为剪坏而越剪越小，到自己的作品全变成碎片，从没有表现出气馁，而是不断地重新开始，不断地改进，直到现在她已经能基本沿轮廓线剪下自己的作品。接下来我们也将继续支持她的探索活动。

填表日期：<u>2014 年 12 月 28 日</u>

一级指标	幼儿的发展
感受与欣赏	本学期露露在表达和分享自己的感受方面有了很大的进步，在每次区域活动结束后，她都很愿意与别人分享自己的作品，也很愿意在倾听别人介绍时表达自己的感受。这样的主动性表现得非常强烈，以至于在老师忘了讨论环节时，露露会主动提出"你们有什么问题要问我吗？举手告诉我！"比起之前那个因为分离焦虑不愿打开自己心扉的露露，这样的变化让我既惊奇又惊喜。
表现与创造	露露很喜欢来美工区活动，尤其是一些精细动作的活动更加吸引她，她会连着好几天穿出各种搭配规律的手链，会用油泥搓出一个半圆体加上一小截吸管做出 1 厘米的小蘑菇，会用彩笔盖扣出很多"小饼干"。丰富的作品显示了露露很好的动手能力。不仅在手工活动中，在绘画活动中露露也能较好地表达自己的意图和想要的效果。但对于自己不是很感兴趣的主题，如汽车，露露便不是很敢于尝试，因此接下来我们希望可以用更丰富的资源帮助露露开拓广泛的兴趣，使她在使用艺术材料方面的优势能更好地发挥。

　　3. 评价等第的说明

　　标准版综合报告的一项功能就是对幼儿的表现和进步进行等第评价。在综合评述部分，教师可以较为详细地说明幼儿不同等第的具体表现(见表 5-6)。

表 5-6　说明评价等第的语言领域综合报告

表现：检核表——符合期望　　　　档案——需要加油 进步：异于期望
综合评述 　　笑笑在语言领域的目标上已经有较好的发展。倾听的习惯已经基本养成，经常去图书区自主阅读，更喜欢和好朋友一起阅读。笑笑喜欢用绘画的方式表达自己的想法，也会较为规范地书写名字。但他不太愿意在众人面前表达，会表现出害羞，因此在档案核心目标"表达需要和想法"的发展还需要加油。

　　4. 教育建议

　　综合报告中提出呼应幼儿发展的教育建议，将为接下来带班的教师提供有效的参考，也为有效的家庭共育提供了可能息(见表 5-7)。

表 5-7　提出教育建议的美术领域综合报告

表现：检核表——符合期望　　　　档案——需要加油 进步：异于期望
综合评述 　　正杰开始尝试在美工区做一些活动，但比起其他的区域他来美工区的次数比较少，活动的时间也不是很长，往往 10 分钟不到就会把作品放到作品柜里，离开美工区。因此他的作品完成得有些仓促，当我建议他尝试其他材料或丰富画面内容时，他总是向我摇摇头。关于这方面，我们希望能与家长一起努力，家长在家中多鼓励孩子进行涂涂画画的活动，在班里我们也会帮助他逐步建立对美术活动的喜爱。

（二）书写评语时需要使用的语言

综合报告的主要目的是为家长和教师提供简明、易懂、清晰的幼儿发展与进步信息，并提出具体的帮助措施。因此，一份有效的综合报告中的文字应该具体，避免使用专业术语，应当采用正面语气，尊重幼儿的表现，并且能提出需要关注的地方和具体的教育建议。下面我们就以实例来具体说明这些细则。

1. 运用具体的实例

比起一般性的说明，具体的实例能让阅读者了解更多的个人信息（见表 5-8）。

表 5-8　运用实例进行说明的美术领域综合报告

一级指标	幼儿的发展
感受与欣赏	在欣赏作品时，阿宝能较好地表达自己的感受和想法。例如，在绘制大西洋剧场门票的活动中，在欣赏以往的大西洋剧场照片时，当教师问阿宝"有什么样的感受"时，他能把自己的想法较好地使用语言表达出来："她们在舞台上非常漂亮。""在表演节目的时候可以化妆，穿好看的衣服，和我们平时不一样。" 　　在第一次用纸黏土活动后的分享中，阿宝大胆表达自己的感受："这个纸黏土和我们以前用过的橡皮泥不一样，它很轻，很软，也容易干。" 　　阿宝善于发现事物的不同，但多数表达需要教师的引导，主动性还有待加强。

一级指标	幼儿的发展
表现与创造	阿宝在美术活动中有自己的想法，并能有目的地选择所需要的材料，大胆尝试完成作品。例如，在纸黏土创作活动中，虽然最后的作品没能实现他预期要做的马车，但并没有影响他制作的兴趣，他参考同伴的制作方法把马车改变成了蛋糕，这一点充分表明阿宝是一个很有想象力、创造力，善于思考的孩子。 虽然阿宝很有想法，但每次完成任务较为困难，主要原因是他在使用工具和手部控制能力方面较弱，之后我们可以尝试引导阿宝多参与一些美术活动，有目的地加强手部动作方面的练习。

2. 引用指引中的话

在综合报告中，教师可以引用发展指引里的话来说明幼儿的发展。但需要注意的是，综合报告不能完全使用发展指引中的话来评价幼儿的发展，否则将忽略幼儿发展的具体情况，千人一面，也就失去了个人发展报告的意义（见表 5-9）。

表 5-9　完全引用发展指引的语言领域综合报告

表现：检核表——符合期望　　　　档案——符合期望 进步：符合期望
综合评述 本阶段，小薯在听、说、读、写方面都有了很大的进步。 　1. 听 　能够倾听别人说话，对于日常生活中教师的各种指令，他都能够按要求做到，能够按步骤要求做事，能够注意到同伴、老师、家长说话时的语气和语调。 　2. 说 　能够和熟悉的人打招呼，能够用语言表达自己的需求，能够和别人聊天，必要时能够配以动作、手势，能够说 3 个以上的词组，能够运用简单的成语，口齿清晰，能够让别人听懂。 　3. 读 　在阅读方面，本阶段，小薯对阅读感兴趣，能够认真倾听教师的故事，愿意和同伴进行图书分享，能够讲出图书上的画面所表达的意义。 　4. 写 　经常到美工区写写画画，能够用正确的方法握笔。

我们建议教师引用发展指引的同时，也要加入幼儿独特的实例，使评价更有针对性和个性化（见表 5-10）。

表 5-10   引用发展指引并加入个体实例的数学领域综合报告

表现：检核表——符合期望　　　　档案——符合期望 进步：符合期望
综合评述 　　轩轩的数学能力发展较上学期要快了许多，对数的理解和认读已经发展到 20 以内，超出了中班的普遍水平。在规律与关系方面，轩轩的思维发展也有所进步，能够理解较为简单的递增、递减规律。轩轩甚至不使用日历就能够推理出明天、昨天的信息。 　　轩轩对图形的感知较好，能用图形进行创意拼摆。比如，能自主将七巧板放入嵌盒中；开始对立体图形感兴趣，在积木区中能自如地运用不同形状的积木进行搭建。 　　轩轩已经能够初步运用数学经验解决问题。例如，请他摆放图书时，他会按照从大到小的顺序摆放。

3. 正向开始，正向结束

综合报告应重点描述的是幼儿能做什么，而不只是幼儿还不能做到什么。下面（见表 5-11）是一个充满负面语气的评价，在这份综合报告中，我们看到的几乎全是幼儿的不足，很少能看到这名幼儿在这个学期可以做到的事情。

表 5-11   充满负面语气的语言领域综合报告

一级指标	幼儿的发展
听	果果在听的专注力上不是很好，容易走神。有时一个问题需要重复说好几遍之后才能行事。当老师很着急地跟他说一件事的时候，他的表现仍是很慢。每次当老师提出一些指示时，他都是最后一个完成的。
说	在语言表述方面，可能因为平时给小朋友告状较多，所以他说话的感觉有时候是带有情绪的。在讲述一件事情的时候，因为孩子的家长重视认读汉字，所以果果有时候在离了书本讲述一件事情时就只能说简单几句，不是很丰富。
读	因为识字量多，果果喜欢看书。但他还是喜欢看一些游戏性的书籍，如关于植物大战僵尸、光头强等，其他种类的书看得较少。
写	果果以前的书写姿势有了调整，较为正确。在用图画表现事物或故事中情节时他比较追求像不像的问题，如在创作狐狸发现一个蛋时，他总是关注于自己画的狐狸及里面的角色像不像，如果不像，他就表现出很纠结的样子，就会愣在那里，觉得自己不会画了，不会接着往下创编了。运用符号表达想法方面还需要加强。

从另一个角度看，表 5-11 仅指出了幼儿的不足，而未提出相应具体的建

议，综合评述的目的也没有达到。

我们提倡，教师从一开始就要试着用肯定的语气开始叙述，并用期待的语气支持幼儿待发展的方面（见表 5-12）。"一份正向语气的报告并不会误导家长以为学生的表现良好，也不会模糊带过学生的困难之处，但会让家长对幼儿未来的成就抱有希望。"①

表 5-12　以正向和期待的语气进行评述的语言领域综合报告

表现：检核表——符合期望　　　档案——需要加油 进步：符合期望
综合评述 　　子易在语言表达方面有了不小的进步。在家长的支持下，子易在本学期多次参与故事大王和新闻播报的活动。从一开始的紧张，要多次转头看向老师、寻求提示，到后来放松地在集体面前讲述故事。连子易自己都说："我以前有点紧张，之后就好多了。"接下来，我们将继续给予子易更多的鼓励，在语言表达的完整性和生动性方面他还可以做得更好。

4. 有困难的地方要多提供详细的描述性评语和具体帮助的措施

当幼儿在某个领域或领域中的某个方面存在困难时，教师应在综合评述里提供更详细的描述，以支持针对幼儿的后续教学（见表 5-13）。

表 5-13　对幼儿需要进步的方面提供更详细的描述

表现：检核表——符合期望　　　档案——符合期望 进步：异于期望
综合评述 　　弯弯可以很熟练完整地讲述一件事情，也很敢在众人面前说话、演讲，然而，她的讲话虽然听上去很流畅却习惯拉长音，每句之间好像听不出停顿，非常快速地换一口气后马上又紧接着说下一句。比如，有一次她说："这周六我要和爸爸妈妈去海南玩儿，有可能带上我的姥姥和姥爷去，也有可能不带他们，我们要坐飞机去海南玩儿，我现在挺高兴的。我还没有去过海南呢，我能见到大海了。"一口气把这样的事情说完了，没有一点停顿。所以在语速，尤其是句和句之间的停顿上，需要我们进一步的关注和指导。

在新的学期，教师依据上学期弯弯的综合报告，有意识地为她多提供了参与故事表演的机会，在故事角色的扮演中弯弯渐渐地明白了语言表达中清晰和

---

① ［美］马戈·迪希特米勒、朱迪·雅布隆、阿维娃·多尔夫曼等：《作品取样系统：教室里的真实性表现评价》，124 页，南京，南京师范大学出版社，2009。

生动的重要性，提高了语言表达的能力(见表5-14)。

表5-14　对幼儿需要进步的方面提供更详细的描述

表现：检核表——符合期望 　　　　档案——需要加油 进步：异于期望
综合评述 　　恩恩是一个安静的孩子，在班上做事比较独立，她不太和幼儿一起玩，经常守着老师，我们能看出她有表达的意愿，但是比较害羞，表达想法时不爱看着对方的眼睛。接下来我们要多鼓励她交朋友，感受与同伴游戏的快乐，以促进其主动表达。

　　有了综合报告中的说明，在新的学期，教师有意识地引导恩恩进行同伴游戏，让她找到了好朋友，有了好朋友，恩恩活泼了很多，交流也自然水到渠成，现在她已经开始和更多的人主动地表达自己。

　　5.用尊重的态度看待幼儿的表现和进步

　　综合报告要对幼儿的学习风格、发展速率秉持理解和尊重的态度，承认幼儿发展的差异性。综合报告要避免用消极的态度，给幼儿的行为贴上负面的标签。下面呈现的就是两类(见表5-15、表5-16)不同的评价态度，其中，以接纳的态度理解幼儿的行为显然更加适宜。

表5-15　消极负面的评价态度

表现：检核表——符合期望 　　　　档案——需要加油 进步：异于期望
综合评述 　　在整个学年正杰对美工区的活动都没有太大的兴趣，虽然我们发现了这一问题，也与家长进行了沟通，但效果不明显。在画画、做手工时，他仍是匆匆了事，作品不丰富也不精致。

表5-16　尊重和理解的评价态度

表现：检核表——符合期望 　　　　档案——需要加油 进步：异于期望
综合评述 　　本学期正杰选美工区活动的次数还是比较少，即便有时会选择美工区，他的活动也很简单，10分钟左右做完自己想做的作品便离开。刚开始我们以为他对美术活动的坚持性和持续性不够，但后来我通过他在集体美术活动中的表现才慢慢发现，正杰在美术创作中只是喜欢表达自己认为的重要部分。比如，他在画和妈妈躲猫猫时，画出人物便可，

躲在哪儿没关系；画公交车时画出刷卡机、把手便可，司机乘客不重要。其实，这是象征期初级阶段孩子的典型表现，因此在接下来的活动中，我们希望能引导正杰在重点表达自己关注的经验的同时，也能关注事物的整体和细节，丰富自己的画面。

（三）评语的篇幅

如果是刚开始接触幼儿发展性评价，并且仅进行了一个领域的评价活动，我们建议教师可以根据单个领域的一级指标，逐项说明幼儿对应的发展情况，如表 5-17 所示。如果教师已经对幼儿发展性评价比较熟悉，同时开展了多个领域的评价，则可以较为概括地描述幼儿在一个领域的整体发展情况，如表 5-18 所示。无论哪种方式，综合报告只要以家庭能理解的方式，传达幼儿学习和发展状况的重要信息即可。

表 5-17　单个领域依据一级指标逐项评价幼儿的发展

美术领域综合报告

幼儿姓名：<u>佳萱</u>　　　　年龄：<u>5 岁 7 个月</u>　　　　班级：<u>大三班</u>

教师姓名：<u>张冉</u>　　　　填表日期：<u>2014 年 1 月 10 日</u>

一级指标	幼儿的发展
感受与欣赏	佳萱小朋友能够发现和欣赏美的事物与作品，并且很乐意与他人进行交流。这一点比起第一个收集期有了明显的提高。比如，在欣赏唐三彩马的时候，她能够主动向大家说出："这个马用了黄色和绿色两种颜色。而这两个颜色又混在了一起变成了另外一种颜色，混在一起的颜色有深有浅，特别好看。"
表现与创造	佳萱小朋友能够非常积极地参与各种美术活动的创作。例如，在新年期间，班级里几乎每天都有各种美工活动——剪纸、唐三彩马的临摹等。佳萱非常热衷于参与这些活动，有时会不厌其烦地每天重复一种活动，但她创作的作品均不同，很有自己的想法。 　　活动中，佳萱也能够有目的地选择合适的材料进行创作。例如，在瓷砖上绘画唐三彩马的活动中，当老师拿来丙烯颜料时，她马上说："用这个涂颜色不会掉。"还有，她会用两头的记号笔勾边。这也说明佳萱对美工材料的特性有了经验。 　　接下来我们将继续鼓励她大胆尝试不同的美术形式，以更丰富的形式来表现自己的想法。

表 5-18　多个领域较为概括地评价幼儿的发展

幼儿发展性评价综合报告

美术领域
表现：检核表——符合期望　　　　档案——符合期望 进步：符合期望
综合评述 　　之牛对美术活动的兴趣，促使他在中班阶段有了更深入的探索。尤其是在玩色区的创作，不仅反映了他的最近经验和想法，更反映了他在利用不同材料进行创作上的进步。

语言领域
表现：检核表——符合期望　　　　档案——符合期望 进步：符合期望
综合评述 　　之牛不仅是班上最新话题的领先者，更是一个合格的组织者。一方面，他的表达生动、清晰，也因此形成了自己的"谈话圈子"。但另一方面，在他急于表达自己的想法时，有时不能做到等待和倾听。因此，之牛在倾听习惯方面还需要努力。

数学领域
表现：检核表——需要加油　　　　档案——符合期望 进步：符合期望
综合评述 　　之牛在数学领域的多数目标上已经有了很好的发展，接下来我们希望能在相邻数的多少关系、测量和图形认知这些方面给予他更多的支持，帮助他达到期望的水平。

附录　幼儿发展指引与检核表

幼儿动作发展指引

幼儿动作的发展是在脑和神经中枢、神经、肌肉控制下进行的，因此动作的发展和幼儿身体的发展、大脑、神经系统的发展密切相关。此部分包括幼儿在粗大动作技能和精细动作技能方面的发展情况。

3～4 岁（小班）

一、粗大动作发展

粗大动作是有关全身大肌肉活动的动作，本部分主要涵盖基本动作技能、平衡运动、球类运动等，其中，具体分为走、跑、跳、钻爬、投掷、平衡、玩球能力。

（一）走

3 岁幼儿已能平稳、熟练地走步并能初步控制走步方向，但是仍存在步幅小、不稳定，走时摆臂幅度小，上下肢配合不够协调，走步时爱东张西望，注意力容易分散等特点。因此教师在观察评价小班幼儿走路时，要准确把握小班幼儿走步的发展特点。

- 步幅能放开，脚尖向前，躯干和头颈正直，能前后摆臂。
- 习惯排队走步，在走步时注意力相对集中，能不掉队、不与他人碰撞。
- 学会几种简单的模仿性走步方法，如模仿小鸭走、机器人走等。

（二）跑

幼儿跑的动作是由走步动作发展而来的。当走步较稳定后，1.5～2 岁幼儿在快走时已出现了双脚离地、身体腾空的跑步动作。3 岁时跑步动作仍保留较多婴儿期的特点，步幅小而不均匀，启动、制动、转身速度很慢，跑的稳定性相对于婴儿期有明显提高，但是在遇到凹凸不平的地面时容易摔倒。因此教师在评价此时期幼儿跑的动作时，应准确把握此时期幼儿跑步的发展特点来进行评价。

- 能迈开步跑，双臂前后自然摆动，并能按目标控制跑的方向，没有跳着跑、低头跑、八字脚、后甩小腿等不良跑步姿势。

- 四散跑时能主动躲闪别人。
- 10米往返跑成绩达及格标准。

（三）跳

幼儿的跳跃能力反映幼儿的下肢力量、全身协调性及平衡能力，在幼儿期跳跃能力发展较快。3岁幼儿在跳跃时基本上是用腿的蹬伸来起跳的，蹬伸的力量较弱和不充分，不会摆臂助跳或者无意识地自然摆双臂，在落地时不能主动屈腿缓冲和保持平衡，在双脚连续跳时，每次跳跃间隙常有停顿。

- 初步掌握双脚向上跳、向前跳、向下跳的动作。
- 立定跳远中的预备、起跳、落地动作基本保持连贯有序，距离达及格标准。
- 双脚连续向前跳时动作连贯，允许有停顿，但有节奏，时间达及格标准。

（四）钻爬

钻和爬是一组不可分割的动作。3岁幼儿在钻时由于空间知觉和体位知觉较差，以及害怕碰到障碍物，具有过早弯腰低头，过"洞"后过早直立的特点。

- 能较好地完成手膝和手脚着地爬等基本爬行动作，爬时手脚配合协调，反应灵敏，能持续一段时间。
- 初步掌握正面钻和侧面钻低障碍的动作，钻时注意低头、弯腰、屈腿等动作要点。

（五）投掷

3岁幼儿在投掷时动作不协调，投时主要是上肢用力，下肢和躯干不能协调配合，动作紧张，多余动作多，力量小，方向和出手角度不稳定，不准确，投掷距离小。

- 在预备投时双脚前后自然开立、举臂过肩屈肘，出手角度以45度从耳边投出。
- 网球掷远成绩达及格标准。

（六）平衡

平衡能力是指维持身体姿势的能力，特别是在较小的支撑面上控制身体重心的能力。平衡能力是一切静态与动态活动的基础能力，因此在评价幼儿平衡能力的时候可以从动态动作和静态动作两方面去评价。3岁幼儿已经具有一定的平衡能力，在日常活动中，在已适应的运动环境中和较稳定的心理状态下，他们能平稳地走、跑和跳跃，但在快跑、转弯、急停、斜坡跑、跳跃落地和不平坦的场地上时易失去平衡摔倒。

- 能尝试做单脚站立和原地旋转等动作。

- 能平稳走过平衡木(幼儿体能测试专用),时间要求达及格标准。

(七)玩球能力

幼儿的玩球能力包括抛球、滚球、拍(运)球、传接球、踢球、击球等,但在3～4岁年龄段,幼儿的玩球能力刚刚开始发展,拍球、传球、接球动作都处于初步发展阶段,对来球的速度和方向较难判断。

- 初步掌握单手原地拍球动作,动作连贯,能连续拍球5次以上。
- 初步掌握双手向上抛球和接球动作。

二、精细动作发展

精细动作,也叫小肌肉动作,是由小肌肉群所组成的随意动作。对于0～6岁的儿童来说,他们主要的小肌肉动作是指手部的活动,主要反映幼儿的眼手协调、指尖动作、手指腕屈伸等局部运动能力,包括画、剪、折、穿、倒、穿脱衣、使用餐具等动作技能。

(一)画

3岁是幼儿开始探索绘画及使用艺术工具的年龄,由此发展出书写所需要的控制能力。幼儿在练习使用工具时采用不同的抓法,使用工具的种类和画出的图形也呈现一定的年龄特点。

- 能够使用不同的绘画工具,如蜡笔、水彩笔、刷子、棉花棒等。
- 以手掌抓握姿势握笔,握笔姿势处于自然阶段,会把笔的盖子盖好。
- 能仿画"十"字、菱形等简单图形。

(二)剪

使用剪刀是一种很基本的生活技能,多使用剪刀剪东西对幼儿手指灵活性、力度的控制、手脑并用等都能起到很好的训练作用。3岁时,幼儿初步尝试学习使用剪刀,在使用时还需要成人的指导和帮助。

- 初步学会使用剪刀,动作僵硬,手指不灵活。
- 能沿画好的直线将纸剪开。

(三)折

折纸是指用双手手指的分合、拿捏等动作将纸折成立体形象的活动,是我国民间传统的手工活动之一。折纸可以锻炼幼儿手部小肌肉动作的灵活性,还可以培养幼儿的目测力、空间知觉能力和对图形变幻的思维能力。3岁时,幼儿小肌肉发育不够完善,幼儿手指分合、拿捏能力较弱,对纸张的认识较少,折纸还处于随意卷折的阶段。

- 幼儿在折纸时手指分合和拿捏动作僵硬,基本能够完成折纸任务,但容易将纸弄破。
- 学会并掌握对边折、对角折,如猫头、狗头、郁金香、被子、钱包等。

（四）穿

穿的动作练习是发展幼儿手眼协调能力的主要方法，在教室的活动区域内教师会根据幼儿年龄阶段的不同，投放难度各异的穿珠教具。在穿珠过程中，幼儿需要眼—手的配合，同时对幼儿捏的动作发展也有较大促进作用。3岁时，幼儿已经能够协调手眼完成简单的穿珠工作。

- 能够将绳子穿过绿豆大小的孔。
- 能够穿5个以上的珠子，基本达到手眼协调（将珠由大到小逐一往上套）。

（五）倒

倒的动作主要由手指、手腕及手臂合作完成，主要反映幼儿手部肌肉的力量、控制力，以及协调的能力。3岁时，幼儿倒的动作发展主要表现在以下几个方面。

- 能双手拿杯子一点点地喝水，在教师的帮助下倒牛奶和水。
- 能用广口瓶倒红豆大小的豆子，做到不洒。

（六）穿脱衣

穿脱衣是幼儿生活自理能力的一个重要方面，幼儿从很小时就开始学习穿袜子、系鞋带、系鞋扣等。幼儿在完成穿脱衣的过程中，需要充分发挥手部小肌肉的作用。对于3～4岁的幼儿来讲，在穿脱衣上还需要成人的帮助。

- 在成人的帮助下，能按次序穿脱衣服、鞋袜。
- 能够自己穿开衫，扣大的纽扣，知道衣服的前后。

（七）使用餐具

使用餐具能力是指幼儿掌握使用筷子、勺子的方法。在使用餐具时，幼儿应用手部的抓、握、夹以及手腕的翻转等动作来完成，因此使用餐具也是评价幼儿小肌肉动作发展的重要环节。3岁时，幼儿还处于用勺子进餐的阶段，具体表现如下。

- 能够正确使用八字握勺法，在教师的提示下能一口饭一口菜进餐。
- 有轻微掉饭菜现象，餐后有使用餐巾纸擦嘴和整理餐桌的意识。

4～5岁（中班）

一、粗大动作发展

粗大动作是有关全身大肌肉活动的动作，本部分主要涵盖基本动作技能、平衡运动、球类运动等，其中，具体分为走、跑、跳、钻爬、投掷、平衡、玩球能力。

（一）走

4岁幼儿在走时步幅较稳定，上下肢配合协调，个人走步特点已初步形成，并能掌握较复杂的走步方法，但此阶段也是八字脚、擦地、驼背、踮脚等走步缺陷的显露时期。因此教师在评价时要把握幼儿的走路姿势，尽早纠正幼儿的不良走路习惯。

• 步幅均匀，摆臂自然，挺胸背直，没有擦地、八字脚、踮脚等不良走步姿势。

• 在排队走时能保持队形，能踏准节拍走。

• 初步学会闭目走、后退走、持物走的方法。

（二）跑

4～5岁幼儿的跑步能力发展迅速，无论是跑的动作技能、速度和耐力都有明显变化，同时此时幼儿可以掌握多种跑步的方式。

• 步幅合适，能曲臂前后自然摆动，能初步控制方向和调节跑的速度，没有仰身跑、弯腰跑等不良跑步姿势。

• 初步掌握圆圈跑、往返跑、持物跑和接力跑的方法。

• 10米往返跑成绩需达及格标准。

（三）跳

4～5岁时，幼儿跳跃动作日趋合理和丰富，跳跃的远度、高度和连续跳的持续时间增加很多，此时期幼儿的跳跃动作发展处于小班年龄段到大班年龄段的过渡阶段。

• 能用双脚向不同方向跳，掌握跨跳、单脚连续跳、蹲（跪）撑跳、协同跳等动作。

• 在立定跳远起跳时双臂能有意识地摆动，落地时能主动屈腿缓冲，成绩需达及格标准。

• 在双脚连续跳时能不停顿地向前跑动，动作连贯，时间需达及格标准。

（四）钻爬

钻爬的速度和灵活性是随年龄与运动经验的增长而发展的，4岁幼儿的钻爬动作相比于3岁时越来越灵活和协调，并能够初步掌握匍匐爬行的动作。

• 手脚、手膝爬时动作灵活，反应快，初步掌握匍匐爬行动作。

• 熟练掌握正、侧面钻的动作。

（五）投掷

4岁幼儿的投掷能力有明显的进步，投掷时出手方向和角度不断稳定，投掷时会有意识地运用腰背部的力量，上肢力量有所发展，投掷的远度有所增加，此时男孩和女孩投掷的成绩差别逐渐明显。

123

- 投掷时挥臂速度较快，出手方向能保证向前上方投出，投掷时上下肢用力比较协调。
- 网球掷远成绩达及格标准。

（六）平衡

平衡的难度主要由支撑面大小、身体重心高度、支撑面的稳定性有关。与3岁幼儿相比，4岁幼儿完成平衡动作的难度增加，教师可参考此阶段动作发展要点进行评价。

- 能尝试完成走过窄道、木桩等面积小的支撑面，走平衡木的时间需达及格标准。
- 较熟练地掌握走平衡木、单脚站立和原地旋转、闭目站立、翻滚等动作。

（七）玩球能力

玩球能力是后天形成和发展的运动能力，既受身心发展水平的制约，又受环境，特别是教育环境的影响，因此在幼儿的玩球能力发展过程中，教师的教育教学手段很重要。4岁幼儿的玩球能力有较大进步，动作的连贯性、协调性及玩球的积极性都有明显提高。

- 左右手都会拍球，动作连贯有节奏，能连续拍球15次以上。
- 初步掌握双手胸前接球和抛球动作，上下肢能协调用力。

二、精细动作发展

精细动作，也叫小肌肉动作，是由小肌肉群所组成的随意动作。对于0～6岁的孩子来说，他们主要的小肌肉动作是指手部的活动，主要反映幼儿的眼手协调、指尖动作、手指腕屈伸等局部运动能力，包括画、剪、折、穿、倒、穿脱衣、使用餐具等动作技能。

（一）画

4岁幼儿对于写与画的过程很有兴趣，尝试使用的写画工具种类增多，握笔姿势处于发展阶段，同时画出物体的复杂程度有所增加。

- 能够使用不同的绘画工具，如蜡笔、水彩笔、马克笔等。
- 能用手指握笔，而不是用整个拳头握住，握笔姿势处于过渡阶段。
- 能用笔描出画好的圆形、正方形等图形，并能在轮廓内均匀涂色。

（二）剪

4岁幼儿手指灵活性、力度的控制能力有所提高，因此使用剪刀的能力有所提高，可以剪出相对复杂的图形。

- 基本掌握使用剪刀的方法，能随意控制拇指与其他手指的开合动作。
- 用剪刀大略地剪一直线或沿着图片的周围剪，并能用剪刀剪断胶带。

（三）折

4 岁时，幼儿继续通过参与教室的活动来发展他们的精细动作技巧，其中折纸活动仍是幼儿改善手及手指的灵活性和控制力最好的活动。

• 在折纸活动中能够使用拇指和四指同时进行对折，能一手按住，另一只手捋平，折出较平整的物体。

• 会用集中一角折和初步掌握双正方、双三角折的方法，如会折东南西北、飞机等。

（四）穿

穿的动作不仅可以促进幼儿手脑、手眼协调能力的发展，还可以帮助幼儿认识事物之间的对应关系和空间关系，培养幼儿的注意力、坚持性、自我控制能力等良好个性品质。

• 能把线穿过米粒大小的孔。

• 能用一条长线将珠子或通心面穿成一串，能根据成人的要求有序地穿珠。

（五）倒

4 岁时，幼儿手部的肌肉力量、灵活性及控制力都有了一定的发展，因此在完成倒的动作质量上有了一定的提高，同时幼儿在此阶段已经基本能够自主完成倒水倒奶的工作。

• 能够双手拿稳水壶自主地将水或奶倒进杯子中，可能会流出一些。

• 用带嘴的容器倒小米，做到不洒。

（六）穿脱衣

4 岁时幼儿的生活自我服务能力逐步提高，很爱做照顾自己的工作与一些日常的事情，其中通过一年的练习，基本能够独立完成穿脱衣服，同时手部和手臂的肌肉力量及灵活性的提高，使幼儿穿脱衣服更加自如。

• 在穿脱衣服时，幼儿能很好地运用抓、拽、拉、披等手部动作，并将衣服整理好放在指定的地方。

• 会拉拉链、扣纽扣，会穿带粘扣的鞋子。

（七）使用餐具

4～5 岁幼儿在进餐时从使用勺子逐步过渡到使用筷子。使用筷子时，需要幼儿手指、手腕及肘部共同协作完成夹、挑、拨等动作，因此对幼儿的手部小肌肉动作提出更高的挑战。

• 初步掌握使用筷子的方法，虽然动作僵硬不灵活，但是能够保证进餐。

• 能够一边折叠餐巾纸一边擦嘴，并捻起桌上的饭菜放到碗中。

5～6岁(大班)

一、粗大动作发展

粗大动作是有关全身大肌肉活动的动作,本部分主要涵盖基本动作技能、平衡运动、球类运动等,其中,具体分为幼儿走、跑、跳、钻爬、投掷、平衡、玩球能力。

(一)走

5岁幼儿在走步时自然放松、平衡协调,能较好地调节步幅和走步节奏,在排队走步时能较好地保持队形,经过小班和中班的练习,没有明显走步缺陷。走步的动作发展水平已经接近成人发展水平。

- 走步姿态端正,摆臂自然,步幅均匀,没有明显缺陷。
- 排队走步时能保持队形,踏准节拍,并能随节拍的变化而变化。
- 初步掌握闭目走、后退走、前脚掌走、提物走、背物走和协同走的方法。

(二)跑

5岁时,幼儿早期跑的特点已基本消失,步幅增大,动作比较协调、放松,控制跑动方向的能力和稳定性都明显提高。同时此时幼儿的速度意识和竞赛意识很强,对胜负的情绪反应较大,在跑动中能够有意识地克服疲劳和其他困难,表现出较强的意志力。

- 能曲臂摆动,蹬地有力,落地较轻,能较好地控制跑动方向和跑速。
- 能掌握持物跑、后退跑、侧向跑、突然变向跑等动作。
- 10米往返跑成绩需达及格标准。

(三)跳

在教师的指导下,5岁幼儿能熟练地掌握立定跳远、双脚连续跳等跳跃动作。此时幼儿的动作完成由无意识转为有意识,知道通过摆臂来增加起跳力量,通过屈腿缓冲来保持落地平衡,对跳跃的成绩比较关心。

- 能熟练掌握跨跳、单脚连续跳、夹物跳等跳跃动作,正摇双脚跳绳能连续跳10次以上。
- 在立定跳远起跳时蹬地有力、蹬摆协调,落地轻稳,距离需达体能测试及格标准。
- 双脚连续跳时落地轻,动作迅速连贯,节奏稳定,时间需达及格标准。

(四)钻爬

爬行是幼儿最早掌握的身体移动方式,8～9个月的婴儿就会简单的爬行动作。在直立行走后,幼儿虽然较少再用爬行动作作为移动的方式,但他们直到 6～7 岁时仍喜爱爬行。5 岁时，幼儿掌握爬的方法越来越多，同时钻过的障碍物难度也随之增加。

- 手膝、手脚、匍匐爬动作更加标准、灵活，有一定的速度，初步学会侧身爬等动作。
- 能用正面钻和侧面钻的动作技能钻过较低较复杂的障碍，灵敏性逐渐提高。

（五）投掷

5 岁幼儿投掷的远度和准确性有明显的提高，且全身能够较协调地用力，但还是存在一定比例的幼儿肩上投掷动作尚不够协调，出手角度和方向仍不稳定。

- 投掷动作连贯标准，投掷的远度和准确性有明显的提高。
- 网球掷远成绩需达及格标准。

（六）平衡

幼儿平衡能力的发展具有很大的潜能，经过系统的教学，幼儿的平衡能力发展可以超过该年龄阶段应达到的发展水平。5 岁时，幼儿可以更好地完成对平衡能力要求较高的动作，除平衡木以外，单脚连续跳也是较好反映幼儿平衡能力的运动。

- 能平稳地走过较窄、较高、较长的平衡木，走平衡木的时间需达及格标准。
- 熟练地掌握走平衡木、单脚站立、单脚连续跳、原地旋转、闭目行走和滚翻等动作。

（七）玩球能力

幼儿的玩球能力反映幼儿的粗大动作技能综合运用的掌握情况、上下肢力量、全身协调性、方位知觉及判断力等多项运动素质和心理素质，因此球类运动是评价幼儿粗大肌肉动作发展的良好评价指标。

- 左右手都能较熟练地拍球，能变化拍球动作。
- 初步学会双手、单手传球，接球时能伸臂迎球，触球后能注意屈臂缓冲。
- 初步掌握踢球、运球和停球的动作。

二、精细动作发展

精细动作，也叫小肌肉动作，是由小肌肉群所组成的随意动作。对于 0～6 岁的儿童来说，他们主要的小肌肉动作是指手部的活动，主要反映幼儿的眼手协调、指尖动作、手指腕屈伸等局部运动能力，包括画、剪、折、穿、倒、穿脱衣、使用餐具等动作技能。

（一）画

5 岁时，幼儿的控制与协调能力逐渐增进，使得他们更能掌握不同的书写、画画及艺术工具的使用。当握笔能力建立时，有些幼儿会对写字产生兴趣，而且会一直重复地练习他们的名字或数字等。

· 能够使用铅笔、圆珠笔或马克笔画图或写字。

· 能以拇指、食指、中指合作握笔，距离笔尖 3 厘米左右，握笔姿势处于成熟阶段。

· 能描写一些字、数字，能仿画倒三角形、平行四边形、有身体细节和穿不同衣服的人。

（二）剪

5 岁幼儿已能熟练地运用手部与手指的精细肌肉来完成更多困难的工作，剪刀的使用更加灵活自如，可以剪的材料逐渐丰富，图形逐渐复杂。

· 熟练掌握剪刀的使用方法，手指更加灵活，力度控制准确。

· 会剪复杂的图形，如小花、香蕉、树叶等。

（三）折

5 岁幼儿基本能够明白边、角、中心线、中心点、对边折、对角折等基本术语的具体含义及指向，此外，幼儿的目测力、空间知觉能力和对图形变换的思维能力也在该年龄段迅速发展，因此折的过程不仅体现幼儿手指肌肉发展的水平，同时体现了幼儿智力水平的发展。

· 在折纸活动中能熟练应用捏、压、抹平、拉、翻的动作，折纸作品更加对称、平整、美观。

· 熟练掌握折双正方、双三角的方法，同时会用两张以上的纸折出简单的组合玩具，如纸鹤、衣服、狗等。

（四）穿

5 岁时，幼儿继续提高他们的手眼协调能力，并能精确地完成工作。穿珠工作的难度和数量不断提高，可以培养幼儿的专注能力，为日后的书写能力做好准备。

· 能把线穿进针眼大小的孔。

· 能够熟练地穿珠，还能够按照自己的愿望创造性地去穿。

（五）倒

5 岁幼儿能够利用手腕、手指灵活协调地完成多种精细动作，同时对量、刻度有了一定的认知，因此手眼配合，能够更好地完成倒牛奶和水的常规工作，学会按需倒牛奶，在不够喝时自主添加。

· 能够一手提稳奶壶（水壶），一手拿稳杯子，壶嘴对杯口倒牛奶，控制液体的量而不泼洒出来。

- 能够左右手交替分别完成倒的工作。

（六）穿脱衣

5岁幼儿已经有能力照料自己的生理需求，并常常愿意帮助不太会的同伴扣扣子或系鞋带。他们对自己的技巧感到骄傲，也常常为了好玩而练习拉拉链。5岁幼儿穿脱衣的能力表现为以下几方面。

- 能迅速、独立、有序地完成穿脱衣服和鞋袜的工作，并整齐地摆放在指定的地方。
- 能扣较小的扣子，并在成人的帮助下可以将鞋带打结系上。

（七）使用餐具

5岁幼儿能够独立自主地完成进餐活动，同时在进餐时能够采取正确的持筷姿势，具体表现在以下方面。

- 幼儿能用拇指、食指、中指三指配合持筷，能够自如地完成挑、拨及夹的动作。
- 进餐时，几乎没有掉饭菜的现象，能够熟练自如地完成擦嘴收餐具的工作。

幼儿语言发展指引

语言发展的两种表现形式为：口语语言、书面语言。幼儿期是语言发展，特别是口语发展的重要时期。幼儿的语言能力是在交流和运用的过程中发展起来的。四种语言能力包括：倾听、说话、阅读与书写。口语语言的能力包括倾听和说话两个方面，幼儿需要不断地学习倾听、理解交流者的口头语言，并且在不同情境中通过口头语言表达自己的想法。书面语言的能力包括阅读与书写两方面，幼儿能够专注倾听大人朗读文字，这是幼儿学习书面语言的起点，之后幼儿会指着文字用口头语说故事，也会尝试用一些线、圈等表示文字。

3～4岁（小班）

一、听

（一）在别人讲话时能用眼睛看着对方

对于3岁幼儿来说，在别人讲话时能用眼睛看着对方，可以说明幼儿在认真地倾听。在日常生活中随时都可以看到这种情景，例如：

- 当教师提示该去做什么事，如上厕所、做游戏等，幼儿用眼睛看着教师，能够认真听并照着去做。

- 教师在讲故事时，幼儿用眼睛看着教师或图画，听到有趣的情节会笑。

(二)能听懂日常会话

3岁幼儿在日常生活中能听懂他人说的简单话语的意思。例如：

- 共同游戏中能听懂同伴的话。
- 要求幼儿说完整话时，能在教师示范后重复一遍。
- 日常生活中能听懂教师简单的提问、提示等。

(三)能依从两个步骤的指示行事

3岁幼儿能依从两个步骤的指示行事，依从的指令时间不能间隔，要连在一起做。在考查此项目时，教师可以有意识地对幼儿说两个指令，看幼儿是否能按指示做。例如：

- "小朋友们先换鞋，再穿外套"。
- "把玩具收好，再去喝水。"

(四)能注意到他人语气语调的变化

3岁幼儿能注意到他人语气语调的变化，能注意到语速快慢的变化。例如：

- 教师在讲故事时使用不同的声音区分不同的角色，幼儿知道不同的声音所扮演的角色。
- 在教师慢下来说话时，幼儿会特别认真地倾听。

二、说

(一)愿意在熟悉的人面前说话

3岁幼儿愿意在熟悉的人面前说话、与人打招呼。

- 在成人的提醒下，会与人打招呼，使用常见的礼貌用语，如"阿姨好""阿姨再见""对不起""谢谢"等。
- 愿意并喜欢与父母和主要照料者交谈。
- 愿意与熟悉的教师、同伴交谈。

(二)能用语言表达自己的需要和想法，必要时配以手势动作

3岁幼儿能用语言表达自己的需要和想法，必要时可以配以手势动作。

- 能结合肢体语言表达他要吃东西。比如，用手指着水杯说"我要喝水"。
- 描述一件最近发生的事情，并回答相应的问题。例如，幼儿在去动物园后讲自己喜欢的动物，并模仿其动作和叫声。
- 在娃娃家中，幼儿扮演角色与娃娃对话。例如，"来，妈妈抱抱你。"

(三)能够说由3个或3个以上词组成的句子

3岁幼儿能够说由3个或3个以上词组成的完整句子，比较连贯。

- 简单句，如"我想吃棒棒糖"。
- 运用手势、道具讲短小的故事。

（四）口齿比较清楚，能让他人听清听懂

3岁幼儿口齿比较清楚，能让他人听清听懂。

- 发音清楚，在问别人事情时，别人能听清听懂。
- 口齿比较清晰地说儿歌、童谣或者复述简短的故事。

三、读

（一）经常要求成人讲故事、读图书

3岁幼儿经常要求成人讲故事、读图书，尤其是早期接触过图书的幼儿。图书的语言内容、画面及幼儿的经验都是影响幼儿是否喜欢图书的重要因素。3岁幼儿对书籍的喜爱表现在以下方面。

- 在别人讲图书故事时会认真倾听，并且想看书上的图画。
- 看到自己喜欢的书会要求大人念给他听。
- 喜欢翻看大人讲过的图画书。

（二）能看懂一些图书的画面内容，或者会猜测、提问

3岁幼儿逐步显示出对故事的理解，他们能看懂一些图书的画面内容，或者会对画面表达的内容进行猜测，也会依据画面提出问题以了解自己感兴趣的内容。

- 看图书时，问一些相关的问题。
- 能根据图书的画面简单地说出其意思。
- 能根据图书的画面尝试猜测其意思、内容等。
- 重复听喜爱的图书故事时，知道漏掉了哪一部分。

（三）能意识到图书上的文字和画面是对应的

3岁幼儿开始知觉生活或故事中的一些符号、字词，能理解图书上的文字是和画面对应的，是用来表达画面意义的。

- 在读故事名称时，会指着书名跟读。
- 会主动询问一些字词的读音或含义。

（四）良好的阅读习惯

良好的阅读习惯是幼儿期培养的重点。3岁幼儿的阅读习惯主要体现在以下方面。

- 会从前往后地翻书。
- 爱护图书，不乱撕乱扔。

四、写

幼儿写的能力明显滞后于幼儿口语的运用能力。幼儿通常用较低水平的书

写形式来代表复杂的思想内容及较高的生活功能。幼儿在书写萌发阶段以图画、符号、自创字及文字形式来代表书写。

(一)喜欢用涂涂画画的方式，表达一定的意思

3岁幼儿积极学习、尝试使用符号和图画来表征真实的事物。

- 幼儿通过涂涂画画表达自己的想法。
- 自己画了一个圆，并能自己命名："这是我家。"

(二)尝试正确握笔

3～4岁幼儿虽然一开始是随意涂鸦，但是渐渐地他们会从上到下、从左到右地画画和书写，表示他们开始了解文字的运作。

- 在纸上画一些像字一样的符号，然后说出它的含义。
- 涂鸦时，有了一定的方向和规律。

4～5岁(中班)

一、听

(一)专心倾听并适当回应

4岁幼儿能专心倾听并适当回应。教师可以在集体活动和日常活动中考查幼儿的表现。

- 听完一个故事，教师问问题，幼儿能回答问题，或者能说出故事的主要情节。
- 当教师在活动中做出评价时，幼儿能用合适的方式回应，如语言、表情、动作，表扬他时会微笑。

(二)在群体中能有意识地听与自己有关的信息

4岁幼儿在群体中能有意识地听与自己有关的信息，体现的是幼儿在日常生活或集体活动中对与自己有关的语言的关注及反应能力。

- 在日常生活中当教师说出一些意图、要求时，如请小朋友们去喝水等，幼儿能听懂与自己有关的信息，并迅速做出反应。
- 在集体谈话中，教师评价幼儿刚刚做过的一个行为，他会知道教师说的是他自己。例如，教师说刚才有某个小朋友端着水杯给花浇水了，或者操作活动中的行为，如玩哪个玩具、怎么玩等，他会知道是在说自己。

(三)能依从两个或三个步骤的指示行事

4岁幼儿能依从两个或三个步骤的指示行事。在考查此项目时教师可以有意识地对幼儿说两到三个指令，例如：

- "请你转个圈，搬把椅子坐到钢琴旁边。"(常规日常活动不作为此项目

的评价内容。)

（四）能结合情境感受到不同语气、语调所表达的不同意思

4岁幼儿能结合情境感受到不同语气、语调所表达的不同意思，表现为以下两方面。

- 教师在说话时的语气、语调较明显地表现出生气、幽默时，幼儿能够感受到语气、语调的变化。
- 讲故事的时候，幼儿能理解不同的语气、语调表达的意思。

二、说

（一）愿意谈论自己感兴趣的话题

4岁幼儿愿意与他人交谈，也喜欢谈论自己感兴趣的话题。

- 与同伴或老师谈论喜欢的动画片、游戏等感兴趣的话题。
- 虽然还需提醒，但能够使用常见的社交用语"请""对不起""不客气""谢谢"等。
- 用语言表达自己的感受、想法。
- 向前来参观的客人介绍班级。

（二）能基本完整地讲述自己的见闻和经历的事情

4岁幼儿能基本完整地讲述自己的所见所闻和经历的事情。

- 比较清楚、完整地讲述事情，包括事情发生的时间、地点和有趣事情的经过，如讲述自己在周末去科技馆的见闻。
- 能够参与集体的简短讨论，发表意见，如提出与目前主题相关的问题，在别人看法的基础上加入自己的意见等。

（三）能运用不同结构的多词句子表达意思

4岁幼儿在讲话时使用的句式更加复杂，词汇更加丰富，能够运用不同结构的多词句子表达意思。

- 能正确地将爸妈的话传递给教师，将教师说的话告诉爸妈。
- 会使用形容词，动词的使用更加准确，如"请你帮我把瓶子拧开，好吗？"
- 喜欢问"为什么……"的问题。

（四）讲述比较自如、连贯，大部分日常生活字词发音清晰

4岁幼儿讲述比较自如、连贯，大部分日常生活字词发音清晰。

- 说话时发音清晰、意思清楚，不需要别人问"你说什么"。
- 讲述事件时比较连贯、清楚。
- 说唱儿歌、童谣或者复述故事时发音清晰。

三、读

(一)经常反复看自己喜欢的图书

4岁幼儿对书面文字有不同的喜好与了解。他们开始认识文字的作者和插图作家，乐于制作自己的小书，喜欢听故事，会经常反复看自己喜欢的图书。

- 注意倾听他人讲故事，不会分心。
- 替故事里的角色补充对话。
- 边读边用手指着图书，假装在读书上的字。
- 会对听过的故事提问。

(二)能根据连续画面提供的信息大致说出故事的情节

4岁幼儿的理解力增强，能根据连续画面提供的信息大致说出故事的情节，会用各种方式复述故事，在教师的引导下会猜测和预测故事情节，会和自己的生活经验相互联系。

- 提出和故事有关的问题或建议。
- 复述主要的故事情节。
- 为喜欢的故事创编结尾。

(三)喜欢认读生活中常见的标识、符号

4岁幼儿对印刷文字有粗浅的了解，知道字有特定的含义，对生活中常见的标识、符号感兴趣，会根据画面、符号、文字等信息进行阅读。

- 在阅读故事书时，能根据画面或部分认识的文字来解读故事。
- 读故事时会用手指着画面、文字或者符号说故事。

(四)良好的阅读习惯

4~5岁幼儿的阅读习惯进一步养成，包括以下内容。

- 会主动取书，独自阅读或者和成人一起阅读。
- 会专注读书的内容。
- 会逐页翻看图书至结尾。
- 爱护图书，取放归位。

四、写

幼儿写的能力明显滞后于幼儿口语的运用能力。幼儿通常用较低水平的书写形式来代表复杂的思想内容及较高的生活功能。幼儿在书写萌发阶段以图画、符号、自创字及文字形式来代表书写。

(一)愿意用图画和符号表达自己的愿望与想法

4岁幼儿开始尝试将认识的事物或心中的意念，利用图画、符号、自创字或文字表达出来。

- 用画来说故事，并请成人帮助把故事写下来。
- 搭积木时，当需要给医院一个告示牌时，请老师写下"医院"的字样。

（二）喜欢自由操控书写工具

4岁幼儿喜欢自由地操控书写工具画画或写字。他们开始对自己的名字或一些文字感兴趣，有的孩子则喜欢请求成人帮忙。

- 在纸上弯弯曲曲地写一些东西，自己说是字，并且能说出意思。
- 开始写一些数字、符号、字母、简单的汉字，或者要求成人示范，进行抄写。

5～6岁（大班）

一、听

（一）能积极主动回应、留心等候发言

5岁幼儿是良好的倾听者，能够倾听他人、等候发言。教师可以在集体活动中了解幼儿倾听的表现。

- 在谈话活动中，他们能集中注意力倾听很长时间。
- 当教师提出一个问题进行讨论时，幼儿能倾听别人的发言，也会举手示意等待发言。

（二）能结合情境理解一些表示因果、假设等相对复杂的句子

5岁幼儿能结合情境理解一些表示因果、假设等相对复杂的句子。教师可以在生活中结合情境谈话，了解幼儿的表现。

- 当幼儿有生活中的问题或看过某本书后向教师提问，教师在用到较复杂的句子时幼儿能理解。例如，"如果不浇水，花就会死掉。""如果地面没擦干，小朋友就会滑倒。""因为你跑得太快了，所以才摔倒了。""因为你爱帮助别人，所以大家都喜欢你，选你当小旗手。"

（三）能依从一系列的指示行事

5岁幼儿能依从一系列的指示行事，可以延长执行指令的长度。例如：

- 在幼小衔接的内容中给幼儿布置作业，第二天早上再检查幼儿的完成情况。

（四）能理解他人语音语调变化的含义

5～6岁幼儿除了能很好地感受教师的语气与语调代表的意义之外，对同伴间的语气语调变化也能很好地判断并做出反应。

二、说

（一）愿意与他人讨论问题

5 岁幼儿愿意与他人讨论问题，敢在众人面前说话。

• 能够参与集体关于一个话题的讨论，在倾听他人的基础上，发表自己的不同看法、意见并提出与目前主题相关的问题。

• 喜欢当众讲故事、讲笑话。

• 主动与参观教室的客人交谈。

（二）能有序、连贯、清楚地讲述

5 岁幼儿能有序、连贯、清楚，意思完整地讲述一件事情，能用更加客观、生动的语言讲述起因、经过、结果，而且描述更加生动，能够说出对事情的感受。例如：

• 主动和伙伴、老师聊天，以非短句讲述在周末发生的事情。

• 讲自己去动物园喂梅花鹿时是怎样被梅花鹿追得到处跑，手心被黏糊糊的舌头舔得痒痒等内容，边讲边用生动的表情、动作来表现，能够引起他人共鸣。

（三）能运用多于 3 个意思完整的句子表达意思

5 岁幼儿能够连续地运用多于 3 个意思完整的句子表达意思。

• 因不同的目的而使用语言：组织伙伴游戏、发号施令、解释事情、描述物品及提出疑问等。比如，"咱们不是好朋友吗？我玩完了玩具都给你玩，你的玩具也要和我分享，要不然咱们一起玩。"

• 能够看画面用自己的语言完整讲述故事。

（四）说话流畅、吐字清楚、语言较为生动

5 岁幼儿说话流畅、吐字清楚、语言较为生动。

• 讲述事件时连贯、清楚、流畅、运用自如。

• 口齿清楚、流畅地说儿歌、童谣或者复述故事。

• 能够理解并运用语气语调来表达意思。

三、读

（一）经常专注地阅读图书

5 岁幼儿能经常专注地阅读图书，通过不断接触文学作品，能知道书的构成、书可以传递信息与故事，能专心听故事，并且对某些作者或特定的主题产生兴趣。表现在以下方面。

• 主动寻找自己喜欢的图书。

• 能专心聆听，并说出喜欢的理由。

- 积极参与集体阅读活动。
- 能够注意到图书之间的类别差异。

(二)能根据情节或画面线索猜想故事情节的发展，或续编、创编故事

5 岁幼儿能根据故事的部分情节或图书画面的线索猜想故事情节的发展，或续编、创编故事，并开始通过提问、预测、复述来显示对故事的理解。

- 看图猜测接下来会发生什么事情。
- 看封面，猜测主题内容。
- 画最喜欢的故事角色。
- 将自己的生活经验加到故事里进行思考。
- 依序复述故事的情节。
- 会表达自己对故事角色的看法。

(三)对文字符号感兴趣，知道文字表示一定的意义

5 岁幼儿在阅读图书时和在生活情境中对文字符号感兴趣，知道文字表示一定的意义。

- 认识一些常见的字，看到能读出来，如姓名、书名。
- 在读自己熟悉的故事时，会根据记忆，从左到右指读故事的文字。
- 认识一些生活中常见的符号，如"P"表示停车。
- 会随着讲读，视线跟随到新的内容。

(四)良好的阅读习惯

5 岁幼儿已经有了一些良好的阅读习惯。

- 会主动取书，独自阅读或者和成人一起阅读。
- 会专注于读书的内容。
- 看书时会稍稍停顿思考。
- 会逐页翻看图书至结尾。
- 爱护图书，取放归位。

四、写

幼儿写的能力明显滞后于幼儿口语的运用能力。幼儿通常用较低水平的书写形式来代表复杂的思想内容及较高的生活功能。幼儿在书写萌发阶段以图画、符号、自创字及文字形式来代表书写。

(一)愿意用图画和符号表现事物或故事

5 岁幼儿用文字或图画表现物品、想法、故事的能力增强，他们喜欢说和"写"故事，会利用图画开头、中间、结尾的顺序来说故事。

- 听完一个有意思的故事，主动画一本对应的图画书。
- 喜欢描字、抄字、自己写字。

- 喜欢自己涂涂画画、写书做书。

（二）具有写的初步技能

5 岁幼儿能初步掌握正确的握笔姿势和执笔方法。

- 能写一些简单的字，如自己的名字。
- 在老师的帮忙下，能够写标题或者写自己对作品的说明。
- 会从纸的最上面开始，从左向右、从上而下地书写。
- 握笔的姿势正确。

幼儿情绪与社会性发展指引

幼儿情绪与社会性发展指引强调幼儿的情绪与社交能力。教师可以通过持续观察儿童、倾听儿童说话、倾听家庭成员谈他们的孩子等方式，来了解儿童的情绪发展和社交能力。情绪发展包括儿童对于"自己作为一个学习者"的看法，以及他们所知觉的对自己与对别人的责任。教师从与儿童互动、观察儿童与其他大人或同伴的互动、留意他们如何做决定与解决社交问题中，来了解儿童的社交能力。

3~4 岁（小班）

一、自我概念

（一）基本的自我认知

3 岁幼儿已经能够非常熟练地将自我与环境和他人分离开来，开始对自我建立了一定的认知，对"我"和"我的"有了一定的认识。

- 能够说出自己会做的事。例如，会自己吃饭，会唱歌。
- 能说出自己的名字、性别、家庭成员、家中的宠物等。
- 能说出自己的家在哪里，并知道家长的电话。
- 建立清晰的物权意识，能够很清楚地分辨出自己的物品和他人的物品。

（二）展现自信

3 岁幼儿通常觉得自己很能干，对自己有能力做的事情感到自豪。但是幼儿园最初对于他们而言是不熟悉的，他们可能对从事幼儿园的活动感到犹豫。受到鼓励后，他们通常可以开始探索材料并与其他儿童及教师互动。展现自信的例子通常有以下几种。

- 回应他人（同伴、家长、教师）的问候，并和他人进行简短的交谈。
- 独立选择自己喜欢的活动，如画画、玩娃娃家、拼图、搭积木等。
- 敢于在集体中表达自己的想法。例如，幼儿在教师问一个问题后能够积极举手回答。

- 参与活动的种类与层次逐渐增加。

（三）独立从事活动

教师协助幼儿做决定，并由幼儿完成他们能做的工作，这样可以培养儿童的独立性。有些3～4岁的幼儿常表现得比他们的实际情况还要独立，当他们被要求做某些事时，他们常常拒绝他人的要求，以此强调自我的成长。在这个年龄阶段，儿童只能做很简单的活动选择。

- 能够情绪愉悦地进行单独游戏。
- 能不需要个别提醒进行自我服务：吃东西前洗手；起床后自己穿衣服；能够自己喝水。
- 能根据自己的意愿做出选择。例如，从众多的材料中，选择特定的材料进行创作；从几本书中选择一本；在两项活动中做出选择。
- 会观察学习。例如，观察别的小朋友推椅子，也能推自己的椅子；看别的小朋友摆好鞋子，自己也能摆好鞋子；看别的小朋友摆整齐衣服，自己也能摆好衣服。
- 会进行一定的探究实验：在玩沙或玩水的时候会自己玩；会反复尝试油画棒，确定油画棒使用的效果。

二、情绪情感

（一）积极的情绪状态

3岁幼儿的情绪情感已经初步发展起来，能够在大多数的时间内保持正向积极的情绪状态。良好的情绪状态对孩子的适应有决定性的作用。他们积极的情绪状态主要体现在以下几个方面。

- 能够情绪愉快地入园。
- 能够情绪愉悦地和小朋友、老师打招呼。
- 在幼儿园大部分时间情绪是稳定、愉悦、放松的，很少哭闹。

（二）初步的情绪理解能力

3岁幼儿开始能够对所面临的情绪线索和情境信息进行解释。尽管还不能非常清晰地表达自己的心情，但是已经能够对他人的面部表情初步识别，能够对积极表情和消极表情进行初步的区分。

- 幼儿在看到他人"高兴""伤心"的表情时，在老师的引导下能够说出"他很高兴""他很伤心"等语言。
- 能够在成人的鼓励下尝试说出自己当前的情绪。例如，幼儿能够表达出自己高兴、生气、害怕等，在不高兴的时候能够说出"我会不高兴"等表达情绪的话语。

（三）情绪调控能力的萌芽

情绪调节是指监控、评估和改变情绪反应，以达到预定目的的一系列外部和内部过程。3 岁幼儿尽管还不能自如地控制自己的情绪，但是他们已经能够对自己的情绪有些许的把控，以适应周围环境的需要。他们调控自己情绪的例子主要有以下几种。

• 能够按照指令做一些情绪调控。例如，能从追跑喊叫等兴奋状态中平静下来。

• 能够在他人的引导下对情绪做初步的调节。例如，在生气的情况下可以初步控制住不随意发脾气；虽然伤心但是能够转移注意力。

• 能够发现努力控制情绪的线索。例如，尽管很伤心但尝试忍住哭泣。

（四）对身边关系密切的人或物表现出同情与关心

3 岁幼儿也会对身边的人表现出关怀。当幼儿看到与他们关系密切的事物时，会引发他们的同情，并开始学习照顾班级的环境、初步对家人展现出爱。

• 会同情跌倒的同学或穿不上外套的同学；在同学哭时，他们能够用手环抱给予安慰；在娃娃家假装安抚正在哭泣的婴儿；帮助撒豆子的同学捡豆子。

• 在成人的提示下能够高兴地照顾环境中的动物和植物，如浇水、喂食等。

• 爱自己的父母：喜欢搂着自己的父母，喜欢和父母手拉手。

三、人际交往

（一）乐于与熟悉的人交往

3 岁幼儿开始学习社会交往技巧，他们开始逐渐适应这个环境。喜欢与熟悉的成人或同伴进行交往，对人际交往表现出初步的兴趣。他们喜欢交往的例子如下。

• 喜欢和熟悉的伙伴一起玩平行的游戏：大家在一起玩滑梯、球、抓尾巴游戏的时候情绪愉悦。

• 喜欢和熟悉的成人一起聊天：对熟悉的成人的问题非常乐于回答，积极参加教师组织的活动。

• 在成人的提醒下与客人打招呼。

（二）关心尊重他人

由于不同的个性，3 岁幼儿与他人有不同的互动方式。有些幼儿能够非常自在地与他人交往，有些幼儿则需要更长的时间逐渐与他人熟悉并友好地互动，但这个年龄的幼儿已经掌握了基本的交往礼貌。

• 在早上进教室时，幼儿在成人的提醒下会和老师说："老师，早上好。"

- 能够积极回应老师的问候。
- 和班级的老师在某些时刻能够自如地分享发生在自己身边的事情。例如，去过哪些地方，喜欢吃什么，最喜欢的玩具，等等。
- 经过提醒，在长辈劳累时不去打扰。

(三)与同伴友好相处

3岁幼儿的自我中心意识非常强，他们对自我有很强烈的意识，还没有学会和团体的协作。对于这个群体而言，要他们在进行团体活动的时候照顾到全体是比较困难的，他们需要外部的支持才能适应群体的生活。他们喜欢大家一起参加不需要太多等待的动作性游戏。

- 能够在老师的口令下一起参与活动。例如，当老师说小朋友一起乌龟爬时，他们都能听懂这个指令，并能和群体一起积极参与这个活动；一起随着老师做晨间音乐活动；一起玩"老狼老狼，几点了"的游戏。
- 在老师提出问题的时候，能够积极表达自己的意见。当老师问："小羊怎么叫"时，能够和同伴一起说出自己的想法。
- 晨间活动的时候，能够注意到谁缺席。
- 能从家里带来喜爱的玩具，在和同学熟悉之后，能够进行分享。
- 喜欢参与10分钟以内的体育游戏，如给小兔子拔萝卜等。
- 与同伴发生冲突时，能够听从成人的劝解。
- 有自己喜欢的好朋友。

四、行为规则

(一)遵守简单的教室规则

3岁幼儿开始对规矩及例行活动有所反应，他们经常需要有很多的提醒及支持来学习教师的期望和适当的学校行为。他们开始遵守活动与规则的例子包括以下内容。

- 能在提醒下遵守简单的教室规则。例如，吃完饭后将椅子推回到桌子下面；换鞋后将鞋子整齐放在椅子下面，衣服放好；吃完饭后习惯整理物品。
- 吃完饭后会收拾餐具及纸巾，并把他们丢到垃圾桶。
- 在玩秋千等玩具的时候遵守轮流的规则。

(二)具有良好的材料使用习惯

3岁幼儿开始学习适应环境，需要成人的示范、指引及较多的提醒来做一些事情。

- 经些许提醒就能将用完的物品物归原位。例如，能够认真地看书，看完后会放回到书架上；将笔帽放回到笔上面；玩完玩具后将玩具放回到原来的地方。

• 温和地对待教室内的小动物。

（三）能适应活动的转换

3 岁幼儿的安全感初步建立，开始学习如何接受变化，而不会痛苦。他们可能仍很难接受从家到学校的这种转换活动，但是他们可以开始能够适应教室内一些常规的活动转换，也能开始接受一些小的改变。

• 适应从家到幼儿园活动的转换：从家里来幼儿园的时候情绪平稳；离开幼儿园的时候会情绪愉悦。

• 能适应简单的活动转换。例如，在提醒下能够从集体活动状态顺畅转换到个别活动状态；能够从个别活动状态顺畅转到集体活动状态。

• 对老师发出的转换活动的信号有积极的回应：能理解老师的指令并进行积极的回应。

4～5 岁（中班）

一、自我概念

（一）明晰的自我认知

4 岁幼儿对自我的认知比他们在 3 岁时有很大的进步，不仅对"我"和"我的"有清晰的分辨，而且对自己的兴趣爱好等有一定的认知，对自己生活的周边环境有某种程度的熟悉。

• 能够说出自己的兴趣、爱好。"我最喜欢玩的游戏是拍球，我最喜欢唱歌，我最喜欢跳舞，我最喜欢的颜色是粉红色。"

• 能够顺畅地说出父母的职业，"我妈妈是幼儿园的老师，我爸爸是警察。"

• 能够说出父母的喜好，例如，"我妈妈最喜欢吃苹果，我爸爸特别喜欢玩电脑。"

• 能够说出自己家的位置，所在的街名、小区名，如"我们家住在北京师范大学校内。"

（二）展现自信

很多幼儿带着正向的自我形象来到学校，相当确定别人会喜欢自己；而有些幼儿则需要时间及机会来观察与学习如何在团体中游戏。有自信的 4 岁幼儿会参与大部分的教室活动、表达情绪、热切地探索玩具及材料、与教室中的人互动。

• 积极回应他人的问候，并进行简短的交流。

• 独立选择自己喜欢的活动。

• 在集体中大胆表达自己的想法。

- 能够尝试具有挑战性的活动。
- 能够与同伴交换意见。

（三）独立自主

4 岁幼儿通常看起来非常独立，每件事情都想自己做。但是在面对不熟悉或有挑战性的活动时，他们仍然需要成人的鼓励和支持才能顺利独立完成。

- 能够情绪愉悦地进行单独的活动。
- 能通过找材料来完成自己的作品（如在手工制作的时候，主动找到胶棒、纸张、剪刀等）。
- 能够形成自己的想法（如决定要做一个简单的手工、搭建一个作品、选择完成一项工作）。
- 能够与大多数的孩子一起玩，而不是经常与一个孩子玩。
- 对他人的合理建议能够积极正向地响应并进行尝试。

二、情绪情感

（一）积极的情绪状态

4 岁幼儿在教室中可以表现出积极的情绪状态，可以与同伴分享、讨论、交流问题，并对不同的事物产生兴趣。

- 对投放到区域中的玩教具感兴趣。
- 对教师组织的活动积极参与。
- 能乐观面对同伴邀请与拒绝游戏的建议。
- 能对不同的同伴及行为特点表示接受。

（二）基本的情绪理解能力

4 岁幼儿的情绪理解能力相对于 3 岁幼儿的情绪理解能力已经有了很大的飞跃，能够识别他人的基本的表情，对自己的情绪也有一定的认知，能够对一些情绪的原因进行较合理的解释和判断。4 岁幼儿的情绪理解能力主要表现在以下方面。

- 较准确地识别"高兴""伤心""愤怒""害怕"等表情。
- 能够对他人或自己情绪发生的原因进行较合理的解释。例如，"小明伤心是因为小红把他推倒了，我开心是因为我得了一朵小红花。"
- 孩子在某些时候能够比较清晰地说出自己的情绪状态。例如，他们在跳舞后会说："我今天很高兴。"如果有人抢走他的物品，他会说："我非常生气。"如果老师发火，他会说："我很害怕"。

（三）一定的情绪调控能力

4 岁幼儿已经能够对自己的情绪有一定的控制，让自己的情绪更加适合周围环境的需要。

- 在教师的提醒下，能从追跑、喊叫等兴奋状态下安静下来。

- 能够比较迅速地从负向情绪转变成正向情绪。例如，在不高兴的时候，成人或同伴的些许帮助就能够让孩子较快地转换情绪。

- 当幼儿想要加入同伴的游戏，或想玩同伴的玩具遭到拒绝时，孩子会采用一些建构性策略，如"询问、交换"来尝试达到自己的目的。

（四）对他人表现同情与关心

4 岁幼儿会表现出他们知道同伴的感受，而有些幼儿则需要教师的教导才能注意到别人的感受，并了解他人的情绪与经验。一般来说，4 岁幼儿比较容易关心真实世界的人或书中的角色，而非抽象的想法或情绪。

- 自愿帮助新伙伴熟悉班里物品的位置。

- 当同伴跌倒时，走过去安慰他。

- 对故事中的角色表达适当的情绪（如快乐、悲伤、害怕）。

- 当同伴没办法穿上衣服或找不到自己的画时，会给予协助。

- 对班上有行为问题或肢体残障的同伴表现接受与支持。

（五）初步的责任心萌芽

4 岁幼儿对于一些力所能及的事情能做到贯彻始终，并知道主动帮助班级中的幼小儿童，能够自觉承担班级中的任务。

- 能主动帮助班级中的幼小儿童。

- 能主动完成应该完成的劳动。

- 知道自己的学习任务和必须知道的常识，并能主动学习。

- 当没有完成自己的任务时，会表示羞愧或难过，如早上忘记擦卫生区，会有羞愧的表示。

三、人际交往

（一）喜欢与他人交往

4 岁幼儿处于人际交往发展的关键期，他们对与人交往表现出了一些兴趣，乐意与人交往、学习互助、合作和分享。但是因为孩子的个性不同，与人交往的数量、频次都会有一定的区别。他们喜欢与人交往的例子主要有以下内容。

- 能和年龄或能力不同的同伴一起游戏。

- 有事情能主动地告诉老师、家长等成人，喜欢和成人交谈。

- 能够与来到班级参观的客人、老师打招呼。

（二）关心尊重他人

4 岁幼儿正在学习如何与大人互动，有些幼儿需要教师引导他们如何与别人打招呼，响应大人的问题或意见，或获得大人的注意。这个年龄的幼儿应该掌握一些基本的和成人互动的礼貌，并且能够对长辈表现出体贴关心。

- 不嘲笑别人的缺陷或缺点。
- 如果老师诉说自己劳累，幼儿能够用"捶背"等动作表达关心。
- 当老师问"早"的时候，会适当地响应。
- 能以举手、轻碰老师的肩或其他合理的方式来要求老师的注意；而没有失去耐心，或拉老师的衣服，或跳上跳下。
- 会听大人的话及跟大人说话。
- 知道别人的想法有时和自己不一样，能倾听别人的表达。

（三）与同伴友好相处

4 岁时，幼儿的游戏开始从平行游戏转换到合作性游戏。在游戏中与人轮流、分享及交谈，对于 4 岁幼儿而言这是新技能。他们开始发展特别的友谊，也开始了解同时可以拥有多位朋友，初步掌握友好相处的策略。

- 有一个或几个经常一起玩的好朋友；不管谁在玩玩具，都能与他们一起玩，而不是一定要自己玩或与固定的人玩。
- 想加入同伴游戏或想玩别人的玩具时，会运用一些策略。例如，以恰当的角色身份出现；用自己的东西与同伴交换等。
- 对大家都喜欢的东西能轮流使用、分享。
- 与同伴发生冲突时，能接受成人与同伴的意见和建议。
- 与几个同伴共同玩节奏乐器。
- 4 岁幼儿在面对冲突时可以听从大人的建议和在示范中学习用语言或其他的方法来解决问题，并显现出逐渐知道除了肢体反应之外还有其他解决方法。

四、行为规则

（一）遵守基本的教室常规及例行活动

4 岁幼儿对于教室的例行活动与规则感到很自在。当规则清楚且一贯地执行时，他们感到比较安全也能参与。在温和的提醒下，他们能遵从简单的规则与程序。

- 当教室规定"一块地毯只能四个人玩"时，会耐心等到有人离开再进入。
- 能自己收拾好，再参加集体活动。
- 知道自己收拾吃完饭后的桌面与地面。
- 画完画后知道自己收拾美术用具。
- 知道饭前要洗手。

（二）具有良好的材料使用习惯

在幼儿园中，儿童被鼓励要爱护他们所使用的材料，并且保持教室的整洁。虽然 4 岁的幼儿经常需要大人的提醒，但他们正开始独立地为爱护材料负责。

- 帮助教师从事一些力所能及的劳动。
- 当老师宣布收拾玩具的时间到了，会把积木等玩具放到指定的地方。
- 小心地看书，看完后，放到图书柜上。
- 很小心地操作科学角的物品。

（三）适应活动的转换

活动上的改变或用不同的方法做事，有时对于 4 岁幼儿而言是难受的。如果事先告知接下来要做什么，他们大部分能顺利适应活动的转换。

- 例行说再见后，能适应从家里转换到学校。
- 没有抗议地接受活动的转换。
- 能顺利且有意地结束自由活动。
- 帮助教师发出收拾玩具的信号。

5～6 岁（大班）

一、自我概念

（一）对自我和家庭有明确的认识

5 岁幼儿已经不仅仅只是了解自己和家庭的表面现象，还能够对隐藏在个体表面特征背后的抽象特点有一定的了解，能够初步客观地对自己和家庭有认知。

- 知道哪些事情是自己能做的，那些事情是现在还做不到的。
- 能够比较客观地评价自己的优点和缺点。在评价自己的时候能够说出："我的跳绳不好，但是我跑得快""我没有你高，但是我比你白"等。
- 知道自己家庭的主要亲属及其与自己的关系。"我有姑姑，姑姑是爸爸的姐姐。"
- 能说出自己所在的国家、省、市（县或区）名称。

（二）展现自信

5 岁幼儿热切期待接触新事物与新情境，能适当地接受并表达情绪，且能与他人分享自己的事。

- 在周一的晨间，能够主动告诉老师和小朋友在周末发生的事情。
- 在集体活动中，大胆表达自己的想法。
- 主动争取加入自己感兴趣的团体。
- 向他人解释自己特殊的地方。
- 尝试具有挑战性的活动。

- 能选择性地接纳他人的意见和建议。

（三）主动寻求及独立从事活动

独立思考及活动的能力使儿童成为能对自己负责的人。多数的 5 岁幼儿能在熟悉的活动中选择自己想做的，也能参与新活动，并愿意冒些风险。总是选择熟悉的活动，对新事物踌躇不前的幼儿则需要老师多关注和指导，帮助他们提高独立自主的能力。

- 需要完成一件事情时，能够自己主动寻找所需要的材料以完成事情（如做值日时能够自己主动寻找工具）。
- 在自由活动时间积极选择新活动（愿意去选择自己未尝试过的新事物）。
- 会自己帮忙做教室内的杂事（发现班级环境不整洁时，愿意主动帮助整理）。
- 选择活动时有自己的主见，而不是盲从（例如，在选择区域游戏时，他们事前有自己的计划，或是根据自己的想法来制订计划，而不是一味地看自己的好朋友玩什么来决定自己的事情）。
- 能自行开始实施方案，且不需要教师很多指示就能完成。
- 在完成一件事情遇到困难时，幼儿能够主动寻求他人或教师的帮助，而不是选择放弃。

二、情绪情感

（一）积极正面的情绪状态

情绪状态对幼儿日常游戏和生活有重要影响，大部分 5 岁幼儿能够保持一种热情、活泼的积极情绪来幼儿园。能够在日常生活中保持一种比较积极的情绪，在教师的引导和自己的调节下，拥有积极正面的情绪。

- 在幼儿园里会与好朋友交流自己的趣闻趣事，倾听或表达自己的发现、想法。
- 在一日生活和游戏中，大部分时间是参与的、合作的、热情的、精神饱满的、开朗的，会利用时间做自己喜欢做的事情，并获得愉快体验。
- 在碰到困难和不愉快的事情时，如幼儿对竞争中的输赢能够有正确的认识，在教师引导下，能够较快调整好情绪状态，而不是一味地停留在消极情绪中。
- 积极投入地参加一日生活和游戏。

（二）相对成熟的情绪理解能力

5 岁幼儿已经具备比较成熟的情绪理解能力，尽管男孩和女孩的情绪理解能力发展存在一定的差异，但是这个年龄阶段的幼儿能够非常稳定地辨别出各种情绪，对情绪的发生有合理的推断和判断。这个年龄段幼儿的情绪理解能力表现在以下几个方面。

- 能够熟练地识别表情，并且区分出积极表情和消极表情。

- 能够对情绪的发生做出合理准确的判断。例如，推断小红生气是因为没有进到娃娃家玩；小明高兴是因为得到了一张自己喜欢的小贴画。

- 能够清楚地表达自己当下的情绪。比如，清楚地告诉同伴："你这样打扰我玩游戏，我有点生气。""这是我刚搭的积木你就给推倒了，我太生气了。"

（三）相对稳定的情绪调控能力

5岁幼儿通常对基本的情绪都有准确而清晰的认识，在生活游戏中，5岁幼儿能够比较适宜地表达出自己当下的情绪，对情绪的控制能力也在不断提高。主要表现在以下方面。

- 在与同伴交往中遇到生气、不满甚至愤怒时，能够用语言和他人沟通，相对迂回、委婉地表达出自己的想法和立场，或是主动向教师寻求帮助。比如，当争抢玩具时，他们能够避免和同伴直接冲突，愿意和对方共同商量轮流等待、共同玩耍等方法，或是寻求教师帮助。

- 自己不高兴时，能够正常地告知同伴自己此刻的情绪，以达到提醒的作用。

- 遇到不愉快的事情时，能够有意识地控制自己的情绪，避免乱发脾气或是歇斯底里地大叫，自己能慢慢调整过来。

- 在教师的引导下，能够有效地控制自己相对强烈的情绪。比如，在游戏中遇到明显不公的对待等较为极端的事件时，幼儿情绪激烈，这时他们在教师的帮助下，能够逐渐平复自己的心情。

（四）对他人表现同情与关心

学习辨认他人的感觉是一项重要的生活技能。5岁时，虽然有些幼儿会自然地表达对别人的关怀与了解，但有些幼儿则需要教师的指引及支持来获得这些技能。

- 协助同伴找丢失了的玩具。
- 当同伴跌倒受伤时，会很关心且想去帮助他。
- 当一位同伴的积木建构倒塌时，会试着去帮助。
- 当同伴被别人拒绝时，会表达关心。
- 当同伴心情不好时，能够表示关心并劝慰同伴。
- 带新同学认识教室，并告诉他角区规则。

（五）有责任心

5岁幼儿的责任心已经有了不小的发展，在生活游戏中，教师对5岁幼儿提出了责任的要求，他们能够主动完成自己的值日生任务，会按时收集新闻，在班级中分享新闻。随着年龄的增长，他们对于自己所做的工作，对于小组、班级，有了一定的责任心。

• 担任值日生的这一天，幼儿能够按时来园，完成值日生的任务。比如，发放筷子，摆放餐巾纸，中午和同伴一起摆放同伴睡午觉用的小床，而不需要教师反复提醒、督促。

• 当星期一轮到自己的班级担当升旗任务时，能够按时来到幼儿园，并且穿好园服。因为一些特殊原因，如爸爸妈妈没有及时清洗园服，会情绪不好，要求爸妈和教师解释，或自己主动向老师寻求帮助；做全园礼仪小朋友在幼儿园大门口迎接师生时，能够按照老师的规定早早来园，做好充分的准备。

• 轮到自己担当新闻播报员时，能够主动要求爸爸妈妈帮助，主动收集好新闻，在全班分享。而不是全部由爸爸妈妈来准备，自己则漠不关心。

• 自己在看图书时不小心撕坏了图书，能够主动修补好图书；游戏时不小心弄坏游戏材料，能够主动修补，或是找同伴、老师帮忙。

• 看到班级的桌椅摆放很乱，或是角区材料东倒西歪时，能够主动地去整理，让环境看起来舒服、整洁。

• 在 10 米往返接力跑中，能够和同组成员配合，努力积极表现，在同组人跑时，能够积极关注，关注自己所在小组取得的成绩。

三、人际交往

（一）乐于与他人交往

大部分 5 岁幼儿喜欢与人交往，对人际交往拥有自己特定的兴趣。他们较喜欢跟同伴一起玩，对于要跟不熟悉的同伴互动，有时候会表现出犹豫的样子。以下是一些充满兴趣的例子。

• 自由活动时间会跟一群同伴一起玩。

• 在游戏中，愿意接受同伴的游戏邀请，也愿意主动邀请同伴加入自己正在玩的游戏中。

• 能和不熟悉的幼儿在一起游戏。

• 喜欢向同伴或成人请教，分享他们的经验。

• 能主动向来访的客人打招呼，或介绍自己的班级经验。

（二）关心尊重他人

5 岁幼儿应该已经熟练掌握了与人交往的一些常规，会礼貌友好地和他人相处。对他人表现出应有的尊重和礼貌。他们表现出关心他人、对人礼貌的例子如下。

• 有礼貌地向同伴借东西，在归还时能说"谢谢"（如借剪刀、图画书、笔等）。

• 在身边的人有需要时能主动关心和帮助。例如，帮助长辈分担力所能及的家务；看到小朋友哭时能主动安慰。

- 活动时能考虑同伴的想法，接纳不同的意见和建议。
- 了解常见的社会职业，尊重从事不同职业的人，珍惜他们的劳动成果。
- 了解和尊重不同民族人们的生活习惯和方式。

（三）与他人友好交往

在幼儿一天的活动中交往随时发生，但交往分为很多种类，5岁的幼儿学会了一些与同伴交往的技巧，能够较友好地与同伴游戏，但有的幼儿需要教师的关注和指导。

- 和同伴的交往，幼儿和同伴都是较为轻松、愉快的。
- 在与同伴玩耍的过程中，幼儿能够比较尊重同伴的情绪和想法，顺从同伴的游戏建议。比如，在户外活动时，同伴提议在"大黄蜂"的游戏中，要将"盔甲工厂"从滑梯上的位置改到滑梯下面的小桌子上，幼儿能够接受修改建议。
- 能够比较清楚和友好地提出自己的想法，并获得同伴的支持和赞同。
- 在同伴交往中出现问题时，愿意友好地协商，来解决矛盾和冲突。
- 同伴们喜欢和该幼儿一起玩耍。
- 帮助正在解决某问题的同伴。例如，协助同伴系鞋带，冬天帮助同伴系长羽绒衣的拉链，帮忙同伴收拾整理积木区的玩具或是图书区的书籍，等等。
- 在角色游戏区，能够和同伴互换游戏角色，轮流扮演，而不是一味坚持只演自己喜欢的角色。例如，在厨房游戏中，有厨师、收银员、服务员等；在超市游戏中，能够轮流和同伴扮演收银员、理货员、推销员等角色。
- 顺从同伴的建议来进行游戏。例如，在搭建积木时听从朋友的搭建建议；在户外活动时，与同伴一起玩他提出的自创游戏，或是听从同伴的建议更改游戏规则等。

（四）主动解决人际交往中的问题

与同伴的交往在5岁幼儿的生活中扮演着重要的角色，他们很需要同伴，他们知道没有同伴、没有好朋友将是非常无趣的。随着5岁幼儿交往技能的不断发展，当他们与同伴的交往发生问题时，他们会主动地解决这些交往问题，寻求成人的帮助，开始尝试使用一些简单的策略来解决矛盾。下面是关于使用策略的例子。

- 当自己和同伴都很想玩唯一的玩具时，会主动和对方商量轮流、共同玩的方法。当对方不同意自己的提议时，会向教师寻求帮助，将自己的提议告诉教师。

- 与另一位同伴协商分配彩色笔的方法，并决定每人可以有多少支。以协商、说出自己的权利及考虑另一位同伴的需求等方法，来解决与同伴的争议，如"我用胶棒粘完这两张纸，就给你"。幼儿能够使用成人建议的话语去解决冲突，能轮流而不推挤或避免引发其他冲突。
- 能分享而不强取。
- 使用话语来表达自己的感受，如"我不喜欢你推我"。
- 收到他人的请求时，能使用及接受折中的办法。例如，当游戏已经开始，有一个孩子想加入时，幼儿会在适当的时机让他加入。比如，几个男孩在玩变形金刚游戏时，有一个男孩很想加入，几分钟后，让他扮演一个改装的汽车人加入。

四、行为规则

（一）遵守教室常规及从事教室例行活动

在集体中适应良好的幼儿知道并且接受集体的规则。5 岁幼儿正在学习这个技能，有时还一板一眼地要求同伴要完全遵守规则，充当集体规则的守护者。当他们清楚教室内的例行活动时，他们通常比较放松，会进一步按照班级的作息时间来规划自己的活动。

- 来幼儿园后，会进行来园登记，或悬挂表示到园的标记，表示今天来幼儿园了。
- 在角区游戏更换玩具时，会把前一个玩具收拾整理好再放回原位。
- 选角区时，能够提前做好自己的标记。
- 工作前会主动做好工作计划，按照工作计划来完成工作。
- 知道每个角区的人数限制，能够等待有空位时再进入该角区。
- 听到角区游戏时间或工作时间结束的音乐时，能够主动收拾整理手里的玩具或工具，结束游戏。

（二）爱护物品

5 岁幼儿在幼儿园所面临的重要挑战之一是如何照料材料。在教师的提醒下，儿童要学会细心地使用及收拾材料，这样，别人才能继续使用或很容易找到它们。在游戏中能够根据自己的游戏需要有目的地使用游戏材料。

- 收拾整理表演区时，能够将服装和配饰归还在角区柜原位。
- 发现图书破坏时，会在教室里找来胶带、剪刀，将图书修补好。
- 在游戏中，需要用到剪刀时，会主动寻找、使用，用完后能够将剪刀放回原处。
- 在美工区想要完成一幅美工作品，需要棉签、彩色吸管时，会在美工区主动收集，当发现材料没有时，会寻求教师的帮助。

附录 幼儿发展指引与检核表

• 搭建积木时，会根据搭建需要有目的地选择相应形状的积木。例如，在搭建拱桥时，会找来半圆形的积木。

• 在游戏中，使用材料能够比较小心，轻拿轻放，而不是乱扔材料，任意挤压材料，故意去破坏材料。

(三) 能适应活动的转化和变化

能够适应或接受活动上的改变，对于儿童在学校里是否能自在地生活是相当重要的。5 岁幼儿很希望生活中有秩序，但也坚持活动程序要有一致性。不过，改变也是成长不可或缺的一部分，儿童必须学着有弹性些，以应付改变。5 岁幼儿开始适应改变，并学到在不同的场合要有不同的行为。

• 从家里到幼儿园后不会感到焦虑。

• 顺利地从一个活动转到另一个活动。例如，从"自由游戏时间"转到"收拾整理玩具"；从"说故事时间"转到"准备回家"；从区域活动转到户外活动；等等。

• 在班级图书区或图书馆阅读时能够轻声与同伴交流。

• 上音乐课时能够根据音乐老师的规定和临时的指示坐在该坐的位置，或是根据音乐提示进行相应的活动。

• 对于到班级参观访问的客人，能够主动与客人、教师打招呼，能够继续自己先前的手头活动。

• 当因为天气原因导致户外的体育课、体育游戏无法进行时，能够较快地接受并参与调整后的活动。例如，下雨了没法参加户外的攀爬体育课时，能够愉快地接受并参与在室内的球类游戏。

幼儿数学发展指引

幼儿在数学领域的学习重点是，学习运用数学思维的方法解决在生活情境中产生的问题，在发现问题和解决问题的过程中发展思维的抽象性、逻辑性和条理性。3～6 岁幼儿的思维以具体形象为主，因此，幼儿的数学学习需要借助具体的事物、情境及幼儿的动作，在具体的操作过程中幼儿不断积累感性经验并逐渐摆脱与事物无关的特征而理解一定的数学概念及关系。

3～4 岁 (小班)

一、数与运算

(一) 对于数目及数算有兴趣

3 岁幼儿对数目及数算有兴趣，对生活中的数量有兴趣，知道"有多少"。

• 能说出家里有几口人，如"我家有 5 个人"或伸出 5 个手指头。

- 在游戏中使用数目。

(二)按物点数 5 以内的物品并理解数的实际意义

幼儿早期学习计数，一般要经过如下过程：口头说数—按物点数—说出总数。这个过程既是掌握计数活动的过程，又是最初掌握数概念的过程。3 岁初期的幼儿能用手逐一指点物体，同时有顺序地说出数次，但往往说不出总数，此阶段中后期的幼儿基本能够理解数的实际意义。

- 对 5 以内物体的数量采取逐一点数的方法，如用手指点数盘子里的 4 个苹果。

- 按指定的数目取出相应的 5 以内数量的物品，如应同伴要求拿 3 块积木。

二、规律与关系

(一)按照物体的某一个特征进行分类

3 岁幼儿已经能够对常见实物进行分类，愿意将环境中的物品有序摆放，他们能够将混放的物品按照某一个特征进行归类，比较常见的是对颜色、大小、形状的归类，以及按物体的名称分类，每类物体宜在 4 个左右。一些实例表现如下。

- 游戏后，幼儿按照玩具的种类分别整理放好，如在娃娃家把食品放在橱柜里、把衣服挂在衣钩上。
- 能提着小筐把草地上的萝卜放进来。
- 能在教室里找到属于自己的一切物品及其固定放置的位置。
- 会分出绿色和红色珠子，并分别放在两个器皿里。

(二)区分"1"和"许多"并理解它们的关系

"1"和"许多"的学习是帮助幼儿感知集合及其元素，促进幼儿感知元素的分化过程，为学习逐一计数和认识 10 以内的数奠定基础。3 岁幼儿对 1 个物体以上的物体群基本是用"好多""许多"这样笼统的多数词予以表示，他们对集合中的多个元素刚开始是一个个地感知的，能在周围环境中找出"1"个物体和"许多"个物体。在生活和游戏活动中教师可以为幼儿提供一定的材料环境，让幼儿把一个又一个的物体放在一起构成"许多"，再把"许多"分成一个又一个。实例有：

- 幼儿在活动室里找一找什么东西只有 1 个，什么东西有许多。例如，1 个老师，许多小朋友；1 台电视机，许多椅子；1 架钢琴，许多玩具等。
- 能在生活中运用"1"和"许多"的词汇，幼儿在吃水果时能够表达出："我有 1 个苹果，这里还有许多(很多)苹果"。
- 能知道"1"和"许多"的关系，即"1 个、1 个……"合起来就是"许多"，

153

"许多"可以分成"1个、1个……"每人捡1片树叶，合在一起就是许多片树叶。

• 在粘贴花瓶的手工活动中，幼儿能知道每次贴一朵花，一朵一朵贴上去就变成了许多朵花。

（三）能以一一对应的方法来比较两组物体的多、少和一样多（物体个数在5以内）

3岁幼儿可以不通过数数的方式，借助于对应比较来确定两组物体的相等与不相等，从而获得数的感性经验，并增强幼儿感知集合元素的准确性。

• 在发餐具时，每位小朋友1把勺子和1个碗，他们能够注意到勺和碗一样多。

• 在生活中，1把椅子坐1个小朋友，幼儿在发现有小朋友找不到椅子时，能够说出椅子比小朋友（的数量）少。

• 在将瓢虫卡片一一叠放在树叶卡片上后能够发现瓢虫卡片和树叶卡片一样多。

三、量与计量

（一）对物体（至少3个）按量的差异（大小、长短、高矮）进行比较和排序

排序主要是指将两个以上的物体，根据物体的差异按一定的次序或规则排列成序。3岁幼儿的排序完全建立在对量的差异的感知基础上，而且一般只能进行4个物体的排序。

• 注意到大球和小球的区别，说出"要玩大球。"
• 对3个及以上大小不同的套碗进行排序。

（二）参与测量活动

测量是认识量的手段，幼儿的测量最早是"目测"，通过感知比较量的差异。3岁幼儿可以在娃娃家、积木区等游戏情境及生活情境中，感知量的差异变化。

• 在积木区，幼儿会说："我要搭一个高高的楼。"
• 在玩沙时，幼儿会说："倒多多的（沙）。"
• 在玩水时，幼儿会用很多杯水装满一个大瓶子。

（三）结合生活事件或自然现象辨认白天、黑夜（夜晚），知道早晨、中午、晚上

3岁幼儿能掌握一些最初步的时间概念，能认识一天中的主要组成部分，如早晨、白天、晚上，但这些时间概念的获得必须与他们熟悉的生活和事件联系在一起。例如，他们能懂得白天是天亮的时候，早晨小朋友起床、刷牙，然后到幼儿园做操、游戏，天黑了是晚上，有星星月亮，他们就以这种周期性发生的生活经验，如生活作息制度、幼儿园的活动和日月运行为参照物，这些对

他们认识时序起重要作用。

- 知道入园的时间是早晨。
- 知道天黑后就要回家了。

四、几何与空间

（一）认识区分圆形、正方形和三角形

3岁幼儿一般能正确地认识和区分圆形、正方形、三角形。最初，在识别图形的过程中他们还不能确切地依照形状的特征来认识，往往会把图形与自己日常生活中所熟悉的物体相对照，如有幼儿会把圆形说成"球"。

- 在收拾积木时，能根据积木柜上所贴的标识将积木放到正确的位置。
- 指出教室内所有像圆形的物品。
- 在教室中找出形状并命名，如正方形的电视机。

（二）能用圆形、三角形和正方形进行组合拼搭

3岁幼儿在认识图形的基础上，用圆形、三角形和正方形进行自由拼贴，或模仿造型。

- 在用三种图形拼搭后，说："这是小汽车。"

（三）以自身为中心区分上、下的空间方位

上下方位的区别较明显，且不会因为方向的改变而改变，因此幼儿最容易辨别和掌握。

- 能说出"鼻子上面是眼睛，鼻子下面是嘴巴。"
- 听口令做动作，如"把桌子下面的东西捡起来。"

五、运用数学知识解决问题

（一）对解决数学问题感兴趣

3岁幼儿已经以各种不同的方式进入了数学世界，并且在日常生活和游戏中尝试解决简单的数学问题。

- 观察玩具和柜子上的图片，将玩具送回柜子。
- 知道吃饭时每个小朋友1个碗、1个盘子、1个勺子。
- 观察到身边物品（衣服、建筑等）上有规则性的图案。

（二）借助实际情境和操作（如用实物一一对应、直接比较）来解决简单的数学问题

小班幼儿可以在实际的生活和游戏等真实场景中解决简单的数学问题，并且还可以运用简单的策略，如实物一一对应、直接比较等。

- 想知道谁穿的珠多，就用两个人的串珠一一比对。
- 谈论谁的个子高，并且站在一起比一比。

• 想找一块更大(或更小)的积木，就用手里的积木去和其他的积木重合在一起比。

4～5 岁(中班)

一、数与运算

(一)正确点数 10 以内的物体

4 岁幼儿的计数能力逐渐趋向巩固，克服了手口不一致的现象，能正确地计数，并说出总数。在掌握了按物点数的方法后，幼儿可以从用手点数逐步达到用眼睛点数。在幼儿认识 10 以内的数以后，他们还能学会顺接数，即从任何 1 个数起数到 10，这种接数能力也是计数能力提高的一种表现。

• 用手点着物体，点 1 个数 1 个，手的动作和口的数数能有节奏地配合起来，做到手口一致，如从盒子里取出 4 块积木，每取出 1 块，同时说出相应的数量词。

• 不用数就知道这里有 4 块积木。

• 在老师说"4、5、6……"时，会接下去数出下一个数目。

(二)理解 10 以内相邻两数的多"1"和少"1"的关系

4 岁幼儿对 10 以内相邻两数比较的能力逐步发展，他们发现下一个数目比当前数到的数目多 1，并可以通过数数比较两组物体的多少，持续探究"比较多"和"比较少"的意思。

• 用数数比较两样东西的多少，如数数有多少个苹果、多少个梨，判断苹果和梨哪个多。

• 知道 3 个添上 1 个是 4 个，4 个比 3 个多 1 个，3 个比 4 个少 1 个，等等。

(三)认识 10 以内数的守恒

数的守恒是指物体的数目不因物体外部特征和排列形式等的改变而改变。4 岁幼儿能做到数守恒是对数的实际含义的切实理解，这标志着幼儿初步数概念的形成。由于它要求幼儿能够排除其他因素的干扰，只顾及数目，所以这需要幼儿有一定的抽象概括的思维能力，能将数从它的具体对象及排列等外部特征中抽象出来。

• 知道物体的数目不会因为物体的大小、形状和排列形式的改变而发生变化。

• 知道一排小橘子换成了大橘子，虽然橘子的大小改变了，但还是一样多。

• 知道即使小鸭子的队形改变了，两队的小鸭子还是一样多。

（四）认识 10 以内序数

序数是表示在集合中要素的次序的数，是用自然数表示事物排列的次序。4 岁幼儿知道序数用来表示物体的排列次序和位置，并能从不同方向出发（上下、前后、左右等）确定物体的排列顺序和所在的序数位置，用序数词"第几"表示。

- 知道自己排在队伍中的第几个，好朋友排在第几个。
- 在"小动物的家"的游戏活动中，说出小兔子住在第几层第几家。

（五）认读 10 以内阿拉伯数字

数字的认读是指认识 10 以内的数字，并能用数字正确表示 10 以内物体的数量。多数 4 岁幼儿不易理解数字，教师可引导幼儿认识数量，体验数字与数量的关系，进而理解数字的含义。由于中班幼儿的方位知觉发展得不够完善，他们的观察不够仔细，对于"2"与"5"、"6"与"9"等字形相近的数字往往容易混淆，教师可对外形容易混淆的字做比较和区分，帮助幼儿正确识别和认读。

- 认读 1～10 的阿拉伯数字。

二、规律与关系

（一）从一堆物体中排除不属于这一集合的元素

4 岁幼儿已能准确感知集合及其元素，他们能把一个集合的元素和另一个集合的元素进行一一对应的摆放与比较，之后可以将不属于这个集合的元素分辨出来，例如：

- 能在整理积木时，将不是木制的积木挑出来单放。
- 在一排苹果的图片中有一张梨的图片，能把梨的图片从其中拿开。
- 在娃娃家游戏时，能把梳妆台上不是化妆品的东西拿出来。

（二）能依据一种或两种属性将物品分类

幼儿很喜欢分类，这类活动能帮助他们将周围世界条理化，让他们掌控世界。在学会以一种属性分类物品后，一些 4 岁的幼儿开始以两种或两种以上属性进行分类。

- 将不同颜色的水彩笔分开放置。
- 把家人的衣服，按大人、小孩分，也按冬季、夏季分，还能按男人、女人的衣服分。
- 对一组物品从不同角度（按不同标准）进行分类。例如，红、黄、蓝色的三角形、圆形、正方形积木各三个，可以按形状分类，也能按颜色分类。

（三）能认出并复制简单的规律

4 岁幼儿已经具备了次序概念，可以对规律进行辨识。他们可以复制简单的物品、声音、动作的规律。

- 能重复肢体动作的节奏，如拍(手)、拍(手)、踏(脚)。
- 能以重复的规律按颜色涂色，如红绿、红绿；或红红绿、红红绿。
- 在简单的 AB 规律中，能说出下一个完整的规律。
- 依据颜色和形状进行串珠。

三、量与计量

(一)对物体(至少 5 个)按量的差异(大小、长短、粗细)进行比较和排序，并进行描述

4 岁幼儿能按照递增或递减的顺序进行简单的量的排序，但数量一般不超过 6 个。这时幼儿主要还是依赖于感知和尝试错误而不是依据逻辑关系进行排序。

- 5 个孩子依身高高矮排列。
- 把从外面捡来的叶子从最大排到最小。
- 会使用比较性质的词语，如"红色的(套碗)比绿色的(套碗)大"。

(二)参与自然测量活动，能借助物体比较事物的高矮、长短、粗细等

4 岁幼儿的测量活动是自然测量。自然测量是指利用自然物(如筷子、小棍、绳子、脚步等)作为量具进行直接测量。教师在实践中发现，幼儿之间经常会比较身高，讨论谁高谁矮；在拿绳子做游戏时会说"这绳子好长啊"等，到底有多高多长，有的幼儿说不清楚，有的幼儿会用手比画一下，还有的幼儿会说用尺子量一下，如用绳子做工具比较两棵树的粗细。

- 和同伴并肩站着比高矮，说"我比你高"。
- 用身体部位、积木、铅笔等测量比较桌子的长宽和植物的高矮。
- 跳远后，用积木、筷子、小棍，脚步等自然材料，比较谁跳得远。

(三)能结合生活经验理解昨天、今天和明天等时间概念，知道今天、昨天和明天分别是星期几

4 岁幼儿可以在生活中理解并学会运用昨天、今天、明天等词汇，如在晨间预报环节中，与幼儿讨论当天的日期、星期几。

- 在天气预报、新闻播报、班级活动等生活活动中感受和了解时间，回忆昨天的经历，谈谈今天发生的事情和明天的计划。
- 能介绍班级固定的常规活动，如"星期五有小舞台表演活动"。

四、几何与空间

(一)认识长方形、椭圆形和梯形

4 岁幼儿能正确认识圆形、正方形和三角形，以及长方形、椭圆形和梯形，且能逐步理解平面图形的基本特征，并注意到不同形状相似与相异的属性。在教师的引导下，幼儿能逐步做到图形守恒，不受图形大小、摆放位置的影响，正确地辨认图形。

- 即使一个等腰三角形不是正向摆放的，也认得出它是三角形。
- 能在教室中找出形状并正确命名。
- 用折纸的方法，折叠三角形、正方形和长方形。

(二)能用6种平面图形(圆形、三角形、正方形、长方形、椭圆形、梯形)进行组合拼搭

4岁幼儿对平面图形的组合拼搭活动表现出较高的积极性和一定的创造性，在图形拼搭中进一步体验图形的边角关系。

- 在"图形变变变"的粘贴活动中，能自如地拼贴图形，表现出一定的造型能力。

(三)以自身为中心区分前后、里外空间方位，并按照方位词(上下、前后、里外)的指令行动

前后、里外的位置都具有方向性。4岁幼儿对空间方位的认识和辨别，首先从自身开始并以自身为坐标来辨别周围客体的方位。

- 在游戏和生活活动中，能使用位置词，如"我的前面是桌子，后面是椅子。"
- 当被要求站在某个小朋友的后面时，知道要站在哪里。

五、运用数学知识解决问题

(一)开始运用简单的策略解决数学问题并做初步的解释

4岁幼儿在日常生活的一天中，常常会遇到一些数学问题。比如，班里来了多少小朋友，需要发多少餐具？今天是星期几？该年龄段的儿童开始使用具体的方法解决简单的数学问题，并且尝试做一些解释。

- 可以用数数的方式来确定班里的男孩多还是女孩多。
- 按一定规律穿珠子并说出规律。
- 可以将一些常见物品进行分类，并说出分类的依据。
- 当没有长条形积木可用时，能找出继续用积木盖房子的方法。
- 能想出办法比较床和桌子哪个更长。
- 记录一周天气，如晴天、雨天等的天数。

(二)在生活或活动中提出简单的数学问题

在日常的生活和活动中，中班的孩子可以主动提出一些与数学相关的问题，并尝试去解决。

- 早上来园时问老师："我是第一个来的小朋友吗？"
- 提问"西红柿是水果吗？"

- 探究两个一样的图形(如三角形)或两个不一样的图形(一个长方形、一个正方形)可以拼成什么图形。
- 提出和同伴比赛谁跳得远。
- 提问"一米有多长"。

5~6 岁(大班)

一、数与运算

(一)能倒数、默数和按群计数

5 岁幼儿可以唱数到 100,他们能用一一对应的方式正确点数,能用物品代表数,可以默数、倒数和按群计数。

- 可以不出声,可是心里说着数字,数出物体有多少个。
- 可以几个几个地数,如 2 个 2 个地数、5 个 5 个地数、10 个 10 个地数。
- 能口头上从 10 倒数回来。

(二)认识 3 个相邻数的关系及 10 以内自然数列的等差关系

5 岁幼儿能够理解 3 个相邻的数及其关系,理解 10 以内自然数列的等差关系。

- 知道在排好的数字 1~10 中,随便哪一个数都有两个相邻的数,一个是比它少 1 的数,排在它的前面;另一个是比它多 1 的数,排在它的后面。
- 知道在扑克牌 1~10 的排列中,每一个数和它前面的一个数比较有什么变化,和它后面的一个数比较有什么变化。如果缺少一张牌,它是几?如果排错了,它是几?并能说出是怎样看出来的。

(三)能正确书写 10 以内的阿拉伯数字

5 岁幼儿可以书写 10 以内的阿拉伯数字,在书写阿拉伯数字时要做到姿势端正、笔顺正确、书写工整。

- 能够书写出数字 1~10,知道书写数字的笔顺、姿势及要领。

(四)知道 10 以内数的组成,理解总数与部分数的等量、互补和互换关系

数的组成是指一个数(总数)可以分成几个部分数,几个部分数可以合成一个数(总数),因此数的组成包含组合和分解两个方面。学习数的组成最好的方法是让幼儿操作,通过实际操作理解和发现数的分合规律。

- 知道由一个数分成两个部分数叫数的分解;两个部分数合并成一个数叫数的组合。例如,3 可以分成 2 和 1,2 和 1 合起来是 3。
- 知道在数的组成中,被分为两个部分的数就是总数;总数分出的两个较小的数叫部分数。例如,总数是 4,可以分成 3 和 1 两个较小的部分数。
- 知道在数的组成中,等量关系是指总数可以分成两个部分数,两个部分数合起来还是原来的数。例如,4 可以分成 3 和 1,3 和 1 合起来还是 4。

• 知道在数的组成中，互换关系是指总数分出来的两个部分数之间交换位置，总数不变。例如，2和3合起来是5，3和2合起来也是5。

• 知道在数的组成中，互补关系是指总数分成两个部分数，其中一个部分数增加多少，另一个部分数就要减少多少，增加或减少的数量相等，两部分数合起来总数不变。例如，两人(A和B)分苹果，每人3个苹果，总数不变，A如果多要1个，B就少了1个。

(五)能进行10以内数的加减运算

10以内数的加减运算，其学习目标是让幼儿初步理解加法、减法的含义(加法就是把两组物体合并在一起，求一共有多少；减法就是从物体的总数中去掉一部分，求还剩多少)。5岁幼儿通过实物操作可以理解数与数之间的关系，并用加或减的办法来解决问题。

(六)可以解答和自编简单的(求和、求剩余)口述应用题

幼儿学习的口述应用题有成人出题幼儿解题和幼儿自编口述应用题两种。幼儿解答口述应用题是幼儿学习10以内加减运算的主要形式。

• 可以解答描述应用题，如池塘里有2只鸭子，又游来了1只，一共有3只鸭子。

• 可以依照上面题的样子，说出情节、数量和得数。

• 可以依照应用题范例模仿应用题。

• 可以按情景编题，如按生活中的情景，或者是利用玩具和教具摆出各种情景，再根据其中的数量关系自编口头应用题。

• 可以按照活动编题，如根据活动中的情节和其中包含的数量关系，自编口头应用题。

• 可以看图编题、按算式编题、按数字编题等。

• 可以进行创造性编题，如小朋友根据自己的经验和想象，想好一件事，说出两个数，提出一个问题，自编符合生活实际的口头应用题。

二、规律与关系

(一)理解集合的包含关系及两个集合的对应关系

5岁幼儿进一步提高和扩展对集合的理解，能理解集合的不同特征，能从不同角度认识和理解物体的集合，还能较好地理解集合和子集的包含关系。

• 能分辨出"水果多，还是苹果多""班级里小朋友多还是男孩子多"的情境性问题。

(二)能依据两种(或两种以上)属性将物品分类

分类是5岁幼儿分析综合、抽象概括的思维能力的充分展现，他们对事物的分类表现为两种特征，甚至两种以上的特征，并能进行逐级分类。

- 将玩具放在一起、图书放在一起、衣服放在一起。
- 先依据颜色将纽扣分类，再依大小将每堆同色的纽扣分成两堆。
- 说明分类某些物品的规则。

(三)能复制、延伸与创造规律

规律是数学思考的基础要素。5岁幼儿能辨认规律，并运用具体物品、声音和肢体动作来创造、复制及延伸规律。他们能描述与辨认环境中的规律，并依据规律知道下一个出现的是什么。

- 能发现生活中有规律的排序现象，如布告栏装饰框中纹样的规律、颜色以及间隔排列的瓷砖。
- 能发现并复制较复杂的规律，如拍手的节奏游戏(XX O XX O X……)
- 知道"红绿绿、红绿绿"的规律和"拍跳跳、拍跳跳"的规律是一样的，并可以用 ABB 或 122 来说明规律。
- 尝试设计有规律的花边图案、创编有一定规律的动作，或者按某种规律进行搭建活动等。

三、量与计量

(一)依据大小、长度、容量、重量等来描述、比较与排序物品

此年龄段的幼儿能在正确认识和比较物体大小、长度等的基础上，理解量的相对性和守恒现象，能完成 10 以内的正排序、逆排序，能认识并初步理解排序的传递性、双重性。

- 从小到大或从大到小，摆 7～10 个图形。
- 从短到长或从长到短，排列 7～10 根棒子。
- 知道并能够说出桌子比椅子重。
- 知道并能够说出一个孩子水杯里的水比另一个孩子的多(或少)。
- 知道自己比有的孩子高，比有的孩子矮。
- 在玩积木、玩沙或其他玩具时，使用合适的测量用语。

(二)以非标准单位(如小棍等各种物体)进行估算和自然测量

当儿童开始测量物品时，首先要选择一个测量的单位，将该单位与物品做比对，然后数出代表此物品的单位数量。5岁幼儿已经会自发地使用手、脚、积木、绳子等物品来测量，而且他们开始估量物品的长度、大小与容量等，并使用比较适宜的自然物测量相应的物品。

- 用绳子来测量，比较物品的长度、高度、厚度、宽度、粗细等。
- 用积木测量桌子的长度，看着桌子有几个积木长。
- 尝试用多种物品测量同一个物品。
- 选择比较适宜的自然物测量，如用曲别针测量铅笔的长度、用铅笔测

量桌子的长度等。

- 根据高矮、胖瘦等预测两个小朋友哪一个重哪一个轻。
- 预测他们所选的容器够不够装珠子。

（三）探索常用的测量工具，如尺子、天平、温度计、量杯（量勺）等

在日常生活中，儿童常能看到成人使用标准测量工具，他们对这些工具很感兴趣。到了5岁，儿童可以尝试使用这些工具了。

- 用尺子测量物体的长短、高矮、粗细等。
- 使用天平比较物品的重量。
- 用温度计测量室温、水温等。
- 在角色游戏或制作食品的活动中使用量杯量水、面等。

（四）展现对时间概念的知觉（在生活、游戏中学会使用时间单位，会借助某种方法或工具估计时间的长短）

时间是具有统一标准的可测物理量。5岁幼儿在具有了班级例行活动、作息、日历及时钟的经验后，一方面开始理解较长时间间隔的时间单位（如一星期有7天），另一方面他们发展对时间分化的精确性，能区分较小的时间单位。同时，他们能够用相应的词语来表示时间。

- 在晨间播报时能说出"今天（前天、昨天、明天、后天）是几月几号"。
- 认识钟表的整点和半点。
- 记录植物（或小动物）的生长变化时间。

四、几何与空间

（一）认识区分正方体、长方体、球体、圆柱体

5岁幼儿能认识一些基本的立体图形，能正确地命名并知道它们的基本特征。为了使幼儿具体感受到立体的东西是由面构成的，教师可以将纸片做成的正方体拆开，让幼儿形象地看到它由6个一样大的正方形组成。

- 在教室环境中，寻找哪些东西是正方体，哪些是球体，哪些是圆柱体。
- 用两块积木拼成一个新的形状，如用两个正方体组成一个长方体。

（二）以自身为中心区分左右方位

5岁幼儿能以自身为中心判定左右方位，并逐步学习以客体为中心区分左右。

- 在体育、舞蹈活动中，幼儿能够按照口令左转或右转。
- 玩听口令做动作的游戏：伸出你的左手，伸出你的右手；耸耸你的左肩，耸耸你的右肩；跺跺你的左脚，跺跺你的右脚；左手摸左耳，右手摸右耳；左手摸右耳，右手摸左耳等。

（三）了解并能使用方向词和位置词

在了解和发展出空间知觉的同时，幼儿也学习位置词，形成对方向、距离与位置的理解。

- 把物品摆在桌子上盒子的里面与外面、前面与后面、上面与下面、旁边，并能说出这些位置词。
- 能够表现出来：某个物品离我比较近，离你比较远。
- 在生活和游戏中根据简单的平面图找出物体的相应位置。

五、运用数学知识解决问题

（一）运用多种表征方式解释和解决数学问题，描述数学想法

5 岁幼儿在解决问题时能够有意识地运用策略，并且能够借助实物、身体部位、图画、行为、简单符号、语言等媒介将自己使用的方法和策略表达出来。这些表征的方式能帮助幼儿记住信息，并有利于幼儿反思自己想出的解决问题的策略。

- 能够表达出来："因为我有 3 块饼干，奇奇只有 1 块，我给了他 1 块，现在我们俩一样，都有两块饼干。"
- 将班级的积木分别装在不同的架子上或箱子里，并解释因为这些积木的大小、形状都不一样。
- 算出橘子够不够全班每人 1 个，并解释是用加法还是减法计算的。
- 班里要决定一件事情，幼儿能想到大家举手表决，少数服从多数。
- 预估从这边铺一条道路到那边需要多少积木，然后，通过实际铺道路的方式来检查猜测是否正确。
- 用图画或表格等表示出全班每个月有几个人过生日。
- 在玩沙的时候要一个较大的容器，因为他们要堆一个大的建筑物或要搬运很多沙。
- 在美工区告诉同伴或老师他们如何用不同形状的色纸拼出房子(花朵等)。
- 在自然角量植物的高度时用数字或图画记下来，并解释说这样过一段时间再量就知道植物长高了多少。

幼儿美术发展指引

艺术是幼儿的另一种表达认识和情感的"语言"，以情感和想象为特征，是美的存在形式之一。"艺术领域作为幼儿的一个学习范畴，包括音乐、美术、戏剧表演、环境和生活中的美好事物、文学、艺术作品等。"在本研究课题中，由于精力所限，我们主要对艺术领域的幼儿美术发展评价进行了研究。

此领域的两大重点在于：幼儿如何发展出对艺术的感受与欣赏，如何运用艺术来表达、表现及整合他们的经验。艺术领域并不强调幼儿要熟练掌握某些特定的艺术技巧或形式，而是强调要为幼儿提供充分的感受美、欣赏美的机会，丰富其想象力和创造力，引导幼儿学会用心灵去感受美、发现美，在宽松的心理氛围中鼓励幼儿用自己喜欢的方式大胆表现美、创造美。

3～4 岁(小班)

一、感受与欣赏

(一)喜欢观看自然界、生活中美的事物以及绘画、泥塑等艺术作品

3 岁的幼儿喜欢观看自然界和生活中美的事物(包括大自然、建筑、生活用品等)，也喜欢欣赏具有美感的艺术作品(包括绘画、雕塑、摄影作品等)，观看的同时会用语言、表情、动作等表达对美好事物的亲近和喜爱。例如：

- 外出时发现路边的花草树木，用"好漂亮啊"等词句表达。
- 发现教师或同伴衣着、发型、饰物等的变化并发出由衷的赞叹。
- 看到汽车、手枪等喜欢的玩具或造型，会凑上前去仔细观看，表达喜爱之情。
- 愿意欣赏《向日葵》《我的妈妈》等名家作品或同伴作品。

(二)能感知事物及作品中鲜明的色彩和简洁的造型

当看到个人喜欢的美的事物或绘画、泥塑等艺术作品时，3 岁的幼儿会表现出专注、投入或兴高采烈的神情，在成人询问时，能够说出事物或作品中色彩、造型方面的鲜明特征。他们更喜欢明亮、对比鲜明的色彩，更喜欢简洁的艺术作品，如果一件作品很复杂，他们可能只会注意到其中一部分。例如：

- 在欣赏吴冠中的水墨画《花草地》时，幼儿可能会在众多颜色中，只表达出红色和黑色两个鲜明的色彩，而不提其他颜色。
- 在选择小贴画等小礼物时，幼儿对颜色或造型表现出一定的偏爱。例如，男孩会选择汽车、托马斯等造型，女孩会选择粉色的心等造型。
- 拼插玩具时，男孩更愿意拼插武器造型，女孩喜欢拼插小花造型。
- 在户外玩球时，幼儿会执意要某一种颜色或图案的球。
- 在区域串珠时，幼儿会选择自己喜欢的一种或几种颜色的串珠。

二、表现与创造

(一)经常涂涂画画、粘粘贴贴并乐在其中

3 岁的幼儿喜欢参与美术活动，喜欢涂涂画画、粘粘贴贴、揉揉捏捏。在大胆表现与表征上存在较明显的个体差异，有的幼儿表现主动、积极，有的幼儿内向、不善于表现，在绘画过程中一般是先形成作品，随后才会进行一定的

解释，所做的解释经常会有改变，前后不一致。例如：

- 自选活动时愿意在美工区活动。
- 愿意参与教师组织的美术活动。

（二）一段时间内能多次探索某种艺术材料的特性

3 岁幼儿愿意尝试并喜欢操作美术工具与材料(各种绘画的笔、纸、颜料、印章、拓印工具等)，但表现比较随性，更多是摆弄、探索、享受与发现。在摆弄的过程中时不时会自我愉悦，不会考虑材料的收整、取放等内容，在尝试某一材料时如果发现其中自认为有意思的现象会不断重复，直到自己满足为止。例如：

- 多次尝试同一美术工具或材料以深入体验它的特性。例如，一连好几天用油画棒作画，尝试点、搓、滚等不同的方式，或者用不同的颜色在纸上涂画。
- 用小积木盖一个建筑物，会不断更换一些积木，直到觉得满意为止。

4～5 岁(中班)

一、感受与欣赏

（一）能专注地欣赏自然与生活中美的事物及艺术作品

4 岁幼儿愿意并能够专注地欣赏自然与生活中美的事物及艺术作品，愿意与成人或同伴沟通、交流自己的感受。例如：

- 教师在带领幼儿参观其他班级的作品栏时，幼儿能够驻足观看。
- 外出散步时，会观看或捡拾一些自己喜欢的树叶、树枝或石子等。
- 在美工区活动或参加游艺会时，看到其他幼儿手中有漂亮作品，会主动要求参与去做。
- 交流对同伴作品的感受，如"我最喜欢××的画，因为她用的颜色很漂亮，画面上的妈妈特别美"等。

（二）能关注到事物和作品的细节、色彩、形态特征，并有自己的想象和理解

4 岁的幼儿在欣赏美的事物或艺术作品时会迁移与结合自己的生活经验，产生相应的联想和情绪反应，能够感受到事物或作品的细节、色彩及形态等特征，并能够用自己的语言或动作加以表达。例如：

- 在欣赏凡·高的《杏花满枝》时，幼儿能用"像玻璃碎了"等语言描述画面中的枝条。
- 幼儿在看到同伴的作品时，会表达自己的理解，如"眼睛画得真大呀""我觉得这是恐龙的爪子"等。

• 外出散步时，会注意到天上云彩的形状，并表达自己的想法，如"我觉得这像一匹马，那个长条像是马的尾巴"。

二、表现与创造

(一)经常用个人喜欢的美术形式表达自己的所见所想

4 岁幼儿愿意参与教师组织的或自发的艺术活动，在艺术活动中会有愉悦的情绪，但在表现的主动性和积极性上也存在个体差异，受幼儿性格、表现欲及能力等影响，有的幼儿表现得自信大方，也有的幼儿羞于或怯于表现，大多数幼儿都能主动或在成人的鼓励、引导下进行大胆表现。例如：

• 在美工区，幼儿能用一定的美术形式表现自己的生活经验，如画出自己与家人出游时所搭的帐篷。

• 在教师组织的美术活动中，幼儿选择自己喜欢的美术形式进行创作。

(二)能探索不同艺术材料的特质，并萌发出表现的意图

4 岁幼儿对所参与的艺术活动充满热忱，他们尝试艺术探索与创造，与 3 岁幼儿相比更加大胆，想法也更多。这一特点让他们能够自由地探索不同的媒介，但更多的还是追求探索的过程以及参与的乐趣，有制作出产品的愿望，但不强烈。例如：

• 尝试使用不同的材料及方法，如用大水彩笔画粗线条、画几条方向不同的线、混合颜色等。

• 创新材料的用法，如用棉花棒或吸管画一张图。

• 在沙坑玩耍时，会用小石子、小棍儿等自然物或废旧材料摆数字或图案。

5～6 岁(大班)

一、感受与欣赏

(一)能欣赏和发现美的事物与作品，乐意与他人交流

5 岁幼儿在欣赏多种艺术形式和作品的过程中，常常会用表情、动作、语言等方式表达自己的理解，愿意与别人交流评论自己看到的或喜爱的作品，在交流过程中能够体现出丰富的想象力。例如：

• 在欣赏墨迹画时，能有自己独到的想象。

• 能够找出本班作品栏中自己最喜欢的一幅画并说出理由。

• 外出参观或观看有关艺术作品的录像时，能专注地看并倾听讲解。

(二)能感知作品的风格、理解作品表达的情感，更加关注媒介与技巧方面的差异

5 岁幼儿在欣赏艺术的过程中会有细腻的体验和细致的发现，能够发现作

品中情绪情感的变化以及不同作品的风格特点，能够用比较恰当的语言或动作表达作品的典型特征或自己的感受。例如：

- 在表达对米罗作品《星空》的理解中，能够说出诸如"好像很热闹的感觉""好像很多音符在快乐地歌唱"等情绪体验。
- 在欣赏作品时，能够说出作品明显的创作工具或表现风格，如"这是用油画棒画的。""这是水墨画。"

二、表现与创造

(一)积极参与美术活动，并有自己喜欢的美术形式

5岁幼儿对喜欢的艺术活动会表现出明显的倾向性，表现欲望强烈，会用多种方式表达自己的想法，对于新鲜的事物表现出极大的热情与兴趣；在艺术活动中会有较主动、积极且投入的表现，不仅对创作的过程感兴趣，也越来越会评价自己的作品。例如：

- 母亲节来临前会自发地制作贺卡表达对母亲的情感。
- 外出参观后，会用绘画、建构等方式反映自己的所见所闻等。

(二)能有目的地选择适宜的材料或形式表达自己的感受和经验

随着生活圈子的扩大，5岁幼儿的生活经验不断积累，迁移和运用生活经验的能力也逐步提升，在前期探索不同工具和材料的基础上，幼儿已经能够感受到它们的特性，因此能够自主选择适宜的材料和形式，充分利用材料的形状和质地等特点，进行大胆的添加、修改、组合、设计和制作。例如：

- 制作相框时能够使用不同的平面或立体的材料，如各色彩纸、图案、纽扣、吸管、毛线、金银粉等。
- 想制作一辆小汽车，会主动寻找需要的材料。

幼儿粗大动作发展检核表(3~4岁)

幼儿姓名：　　　　　出生日期：　　　　　性别：

教师姓名：　　　　　班级：　　　　　园所：　　　　　填表日期：

二级指标		评价			备注
		待发展	发展中	熟练	
走	步幅能放开，脚尖向前，躯干和头颈正直，能前后摆臂。习惯排队走步，在走步时注意力相对集中，能不掉队、不与他人碰撞。学会几种简单的模仿性走步方法，如模仿小鸭走、机器人走等。				

二级指标		评价			备注
		待发展	发展中	熟练	
跑	能迈开步跑，双臂前后自然摆动，并能按目标控制跑的方向，没有跳着跑、低头跑、八字脚、后甩小腿等不良跑步姿势。 四散跑时能主动躲闪别人。 10米往返跑成绩达及格标准。				
跳	初步掌握双脚向上跳、向前跳、向下跳的动作。 立定跳远中的预备、起跳、落地动作基本保持连贯有序，距离达及格标准。 双脚连续向前跳时动作连贯，允许有停顿，但有节奏，时间达及格标准。				
钻爬	能较好地完成手膝和手脚着地爬等基本爬行动作，爬时手脚配合协调，反应灵敏，能持续一段时间。 初步掌握正面钻和侧面钻低障碍的动作，钻时注意低头、弯腰、屈腿等动作要点。				
投掷	在预备投时双脚前后自然开立、举臂过肩屈肘，出手角度以45度从耳边投出。 网球掷远成绩达及格标准。				
平衡	能尝试做单脚站立和原地旋转等动作。 能平稳走过平衡木（幼儿体能测试专用），时间要求达及格标准。				
玩球能力	初步掌握单手原地拍球动作，动作连贯，能连续拍球5次以上。 初步掌握双手向上抛球和接球动作。				

附录 幼儿发展指引与检核表

幼儿粗大动作发展检核表(4～5 岁)

幼儿姓名：　　　　　出生日期：　　　　　性别：
教师姓名：　　　　班级：　　　　　　园所：　　　　　　填表日期：

二级指标		评价			备注
		待发展	发展中	熟练	
走	步幅均匀，摆臂自然，挺胸背直，没有擦地、八字脚、踮脚等不良走步姿势。 在排队走时能保持队形，能踏准节拍走。 初步学会闭目走、后退走、持物走的方法。				
跑	步幅合适，能曲臂前后自然摆动，能初步控制方向和调节跑的速度，没有仰身跑、弯腰跑等不良跑步姿势。 初步掌握圆圈跑、往返跑、持物跑和接力跑的方法。 10 米往返跑成绩需达及格标准。				
跳	能用双脚向不同方向跳，掌握跨跳、单脚连续跳、蹲(跪)撑跳、协同跳等动作。 在立定跳远起跳时双臂能有意识地摆动，落地时能主动屈腿缓冲，成绩需达及格标准。 在双脚连续跳时能不停顿地向前跑动，动作连贯，时间不超过 7 秒。				
钻爬	手脚、手膝爬时动作灵活，反应快，初步掌握匍匐爬行动作。 熟练掌握正、侧面钻的动作。				
投掷	投掷时挥臂速度较快，出手方向能保证向前上方投出，投掷时上下肢用力比较协调。 网球掷远成绩达及格标准。				
平衡	能尝试完成走过窄道、木桩等面积小的支撑面，走平衡木的时间需达及格标准。 较熟练地掌握走平衡木、单脚站立和原地旋转、闭目站立、翻滚等动作。				
玩球能力	左右手都会拍球，动作连贯有节奏，能连续拍球 15 次以上。 初步掌握双手胸前接球和抛球动作，上下肢能协调用力。				

幼儿粗大动作发展检核表(5～6岁)

幼儿姓名： 　　出生日期： 　　　性别：
教师姓名： 　　班级： 　　　园所： 　　　填表日期：

二级指标		评价			备注
		待发展	发展中	熟练	
走	走步姿态端正，摆臂自然，步幅均匀，没有明显缺陷。 排队走步时能保持队形，踏准节拍，并能随节拍的变化而变化。 初步掌握闭目走、后退走、前脚掌走、提物走、背物走和协同走的方法。				
跑	能曲臂摆动，蹬地有力，落地较轻，能较好地控制跑动方向和跑速。 能掌握持物跑、后退跑、侧向跑、突然变向跑等动作。 10米往返跑成绩需达及格标准。				
跳	能熟练掌握跨跳、单脚连续跳、夹物跳等跳跃动作，正摇双脚跳绳能连续跳10次以上。 在立定跳远起跳时蹬地有力、蹬摆协调，落地轻稳，距离需达体能测试标准。 双脚连续跳时落地轻，动作迅速连贯，节奏稳定，时间需达及格标准。				
钻爬	手膝、手脚、匍匐爬动作更加标准、灵活并有一定的速度，初步学会侧身爬等动作。 能用正面钻和侧面钻的动作技能钻过较低较复杂的障碍，灵敏性逐渐提高。				
投掷	投掷动作连贯标准，投掷的远度和准确性有明显的提高。 网球掷远成绩需达及格标准。				
平衡	能平稳地走过较窄、较高、较长的平衡木，走平衡木的时间需达及格标准。 熟练地掌握走平衡木、单脚站立、单脚连续跳、原地旋转、闭目行走和滚翻等动作。				

171

二级指标		评价			备注
		待发展	发展中	熟练	
玩球能力	左右手都能较熟练地拍球，能变化拍球动作。 初步学会双手、单手传球，接球时能伸臂迎球，触球后能注意屈臂缓冲。 初步掌握踢球、运球和停球的动作。				

幼儿精细动作发展检核表(3~4岁)

幼儿姓名：　　　　出生日期：　　　　　性别：

教师姓名：　　　　班级：　　　　　园所：　　　　　填表日期：

二级指标		评价			备注
		待发展	发展中	熟练	
画	能够使用不同的绘画工具，如蜡笔、水彩笔、刷子、棉花棒等。 以手掌抓握姿势握笔，握笔姿势处于自然阶段，会把笔的盖子盖好。 能仿画"十"字、菱形等简单图形。				
剪	初步学会使用剪刀，动作僵硬，手指不灵活。 能沿画好的直线将纸剪开。				
折	幼儿在折纸时手指分合和拿捏动作僵硬，基本能够完成折纸任务，但容易将纸弄破。 学会并掌握对边折、对角折，如猫头、狗头、郁金香、被子、钱包等。				
穿	能够将绳子穿过绿豆大小的孔。 能够穿5个以上的珠子，基本达到手眼协调(将珠由大到小逐一往上套)。				
倒	能双手拿杯子一点点地喝水，在教师的帮助下倒牛奶和水。 能用广口瓶倒红豆大小的豆子，做到不洒。				

二级指标		评价			备注
		待发展	发展中	熟练	
穿脱衣	在成人的帮助下，能按次序穿脱衣服、鞋袜。 能够自己穿开衫，扣大的纽扣，知道衣服的前后。				
使用餐具	能够正确使用八字握勺法，在教师的提示下能一口饭一口菜进餐。 有轻微掉饭菜现象，餐后有使用餐巾纸擦嘴和整理餐桌的意识。				

幼儿精细动作发展检核表(4～5岁)

幼儿姓名： 出生日期： 性别：

教师姓名： 班级： 园所： 填表日期：

二级指标		评价			备注
		待发展	发展中	熟练	
画	能够使用不同的绘画工具，如蜡笔、水彩笔、马克笔等。 能用手指握笔，而不是用整个拳头握住，握笔姿势处于过渡阶段。 能用笔描出画好的圆形、正方形等图形，并能在轮廓内均匀涂色。				
剪	基本掌握使用剪刀的方法，能随意控制拇指与其他手指的开合动作。 用剪刀大略地剪一直线或沿着图片的周围剪，并能用剪刀剪断胶带。				
折	在折纸活动中能够使用拇指和四指同时进行对折，能一手按住，另一只手捋平，折出较平整的物体。 会用集中一角折和初步掌握双正方、双三角折的方法，如会折东南西北、飞机等。				

幼儿发展性评价手册

二级指标		评价			备注
		待发展	发展中	熟练	
穿	能把线穿过米粒大小的孔。 能用一条长线将珠子或通心面穿成一串，能根据成人的要求有序地穿珠。				
倒	能够双手拿稳水壶自主地将水或奶倒进杯子中，可能会流出一些。 用带嘴的容器倒小米，做到不洒。				
穿脱衣	在穿脱衣服时，幼儿能很好地运用抓、拽、拉、披等手部动作，并将衣服整理好放在指定的地方。 会拉拉链、扣纽扣，会穿带粘扣的鞋子。				
使用餐具	初步掌握使用筷子的方法，虽然动作僵硬不灵活，但是能够保证进餐。 能够一边折叠餐巾纸一边擦嘴，并捻起桌上的饭菜放到碗中。				

幼儿精细动作发展检核表(5～6岁)

幼儿姓名：　　　　　出生日期：　　　　　性别：

教师姓名：　　　　　班级：　　　　　园所：　　　　　填表日期：

二级指标		评价			备注
		待发展	发展中	熟练	
画	能够使用铅笔、圆珠笔或马克笔画图或写字。 能以拇指、食指、中指合作握笔，距离笔尖3厘米左右，握笔姿势处于成熟阶段。 能描写一些字、数字，能仿画倒三角形、平行四边形、有身体细节和穿不同衣服的人。				
剪	熟练掌握剪刀的使用方法，手指更加灵活，力度控制准确。 会剪复杂的图形，如小花、香蕉、树叶等。				

二级指标		评价			备注
		待发展	发展中	熟练	
折	在折纸活动中能熟练应用捏、压、抹平、拉、翻的动作，折纸作品更加对称、平整、美观。 熟练掌握折双正方、双三角的方法，同时会用两张以上的纸折出简单的组合玩具，如纸鹤、衣服、狗等。				
穿	能把线穿进针眼大小的孔。 能够熟练地穿珠，还能够按照自己的愿望创造性地去穿。				
倒	能够一手提稳奶壶（水壶），一手拿稳杯子，壶嘴对杯口倒牛奶，控制液体的量而不泼洒出来。 能够左右手交替分别完成倒的工作。				
穿脱衣	能迅速、独立、有序地完成穿脱衣服和鞋袜的工作，并整齐地摆放在指定的地方。 能扣较小的扣子，并在成人的帮助下可以将鞋带打结系上。				
使用餐具	幼儿能用拇指、食指、中指三指配合持筷，能够自如地完成挑、拨及夹的动作。 进餐时，几乎没有掉饭菜的现象，能够熟练自如地完成擦嘴收餐具的工作。				

幼儿语言发展检核表（3～4 岁）

幼儿姓名：　　　　　出生日期：　　　　　　性别：

教师姓名：　　　　　班级：　　　　　　园所：　　　　　　　　填表日期：

二级指标		评价			备注
		待发展	发展中	熟练	
听	在别人讲话时能用眼睛看着对方。				
	能听懂日常会话。				
	能依从两个步骤的指示行事。				
	能注意到他人语气语调的变化。				

幼儿发展性评价手册

二级指标	评价			备注
	待发展	发展中	熟练	

	二级指标	待发展	发展中	熟练	备注
说	愿意在熟悉的人面前说话。				
	能用语言表达自己的需要和想法，必要时配以手势动作。				
	能够说由 3 个或 3 个以上词组成的句子。				
	口齿比较清楚，能让他人听清听懂。				
读	经常要求成人讲故事、读图书。				
	能看懂一些图书的画面内容，或者会猜测、提问。				
	能意识到图书上的文字和画面是对应的。				
	良好的阅读习惯。				
写	喜欢用涂涂画画的方式，表达一定的意思。				
	尝试正确握笔。				

幼儿语言发展检核表(4～5 岁)

幼儿姓名：　　　　　出生日期：　　　　　　性别：

教师姓名：　　　　班级：　　　　　　园所：　　　　　　填表日期：

	二级指标	待发展	发展中	熟练	备注
听	专心倾听并适当回应。				
	在群体中能有意识地听与自己有关的信息。				
	能依从两个或三个步骤的指示行事。				
	能结合情境感受到不同语气、语调所表达的不同意思。				
说	愿意谈论自己感兴趣的话题。				
	能基本完整地讲述自己的见闻和经历的事情。				
	能运用不同结构的多词句子表达意思。				
	讲述比较自如、连贯，大部分日常生活字词发音清晰。				

二级指标		评价			备注
		待发展	发展中	熟练	
读	经常反复看自己喜欢的图书。				
	能根据连续画面提供的信息大致说出故事的情节。				
	喜欢认读生活中常见的标识、符号。				
	良好的阅读习惯。				
写	愿意用图画和符号表达自己的愿望与想法。				
	喜欢自由操控书写工具。				

幼儿语言发展检核表(5～6岁)

幼儿姓名：　　　　出生日期：　　　　性别：

教师姓名：　　　　班级：　　　　　园所：　　　　填表日期：

二级指标		评价			备注
		待发展	发展中	熟练	
听	能积极主动回应、留心等候发言。				
	能结合情境理解一些表示因果、假设等相对复杂的句子。				
	能依从一系列的指示行事。				
	能理解他人语音语调变化的含义。				
说	愿意与他人讨论问题。				
	能有序、连贯、清楚地讲述。				
	能运用多于3个意思完整的句子表达意思。				
	说话流畅、吐字清楚、语言较为生动。				
读	经常专注地阅读图书。				
	能根据情节或画面线索猜想故事情节的发展，或续编、创编故事。				
	对文字符号感兴趣，知道文字表示一定的意义。				
	良好的阅读习惯。				
写	愿意用图画和符号表现事物或故事。				
	具有写的初步技能。				

附录　幼儿发展指引与检核表

177

幼儿情绪与社会性发展检核表(3～4岁)

幼儿姓名： 　　　出生日期： 　　　　　性别：

教师姓名： 　　班级： 　　　　园所： 　　　　　　填表日期：

二级指标		评价			备注
		待发展	发展中	熟练	
自我概念	基本的自我认知。				
	展现自信。				
	独立从事活动。				
情绪情感	积极的情绪状态。				
	初步的情绪理解能力。				
	情绪调控能力的萌芽。				
	对身边关系密切的人或物表现出同情与关心。				
人际交往	乐于与熟悉的人交往。				
	关心尊重他人。				
	与同伴友好相处。				
行为规则	遵守简单的教室规则。				
	具有良好的材料使用习惯。				
	能适应活动的转换。				

幼儿情绪与社会性发展检核表(4～5岁)

幼儿姓名： 　　　出生日期： 　　　　　性别：

教师姓名： 　　班级： 　　　　园所： 　　　　　　填表日期：

二级指标		评价			备注
		待发展	发展中	熟练	
自我概念	明晰的自我认知。				
	展现自信。				
	独立自主。				
情绪情感	积极的情绪状态。				
	基本的情绪理解能力。				
	一定的情绪调控能力。				
	对他人表现同情与关心。				
	初步的责任心萌芽。				

二级指标		评价			备注
		待发展	发展中	熟练	
人际交往	喜欢与他人交往。				
	关心尊重他人。				
	与同伴友好相处。				
行为规则	遵守基本的教室常规及例行活动。				
	具有良好的材料使用习惯。				
	适应活动的转换。				

幼儿情绪与社会性发展检核表(5～6岁)

幼儿姓名： 　　出生日期： 　　　　性别：

教师姓名： 　　班级： 　　　　园所： 　　　　　　填表日期：

二级指标		评价			备注
		待发展	发展中	熟练	
自我概念	对自我和家庭有明确的认识。				
	展现自信。				
	主动寻求及独立从事活动。				
情绪情感	积极正面的情绪状态。				
	相对成熟的情绪理解能力。				
	相对稳定的情绪调控能力。				
	对他人表现同情与关心。				
	有责任心。				
人际交往	乐于与他人交往。				
	关心尊重他人。				
	与他人友好交往。				
	主动解决人际交往中的问题。				
行为规则	遵守教室常规及从事教室例行活动。				
	爱护物品。				
	能适应活动的转化和变化。				

附录　幼儿发展指引与检核表

179

幼儿数学发展检核表(3～4岁)

幼儿姓名：　　　　　出生日期：　　　　　性别：

教师姓名：　　　　班级：　　　　　园所：　　　　　填表日期：

二级指标		评价			备注
		待发展	发展中	熟练	
数与运算	对于数目及数算有兴趣。				
	按物点数 5 以内的物品并理解数的实际意义。				
规律与关系	按照物体的某一个特征进行分类。				
	区分"1"和"许多"并理解它们的关系。				
	能以一一对应的方法来比较两组物体的多、少和一样多(物体个数在 5 以内)。				
量与计量	对物体(至少 3 个)按量的差异(大小、长短、高矮)进行比较和排序。				
	参与测量活动。				
	结合生活事件或自然现象辨认白天、黑夜(夜晚),知道早晨、中午、晚上。				
几何与空间	认识区分圆形、正方形和三角形。				
	能用圆形、三角形和正方形进行组合拼搭。				
	以自身为中心区分上、下的空间方位。				
运用数学知识解决问题	对解决数学问题感兴趣。				
	借助实际情境和操作(如用实物一一对应、直接比较)来解决简单的数学问题。				

幼儿数学发展检核表(4～5岁)

幼儿姓名：　　　　　出生日期：　　　　　性别：

教师姓名：　　　　班级：　　　　　园所：　　　　　填表日期：

二级指标		评价			备注
		待发展	发展中	熟练	
数与运算	正确点数 10 以内的物体。				
	理解 10 以内相邻两数的多"1"和少"1"的关系。				

二级指标	评价			备注
	待发展	发展中	熟练	
数与运算 / 认识 10 以内数的守恒。				
认识 10 以内序数。				
认读 10 以内阿拉伯数字。				
规律与关系 / 从一堆物体中排除不属于这一集合的元素。				
能依据一种或两种属性将物品分类。				
能认出并复制简单的规律。				
量与计量 / 对物体（至少 5 个）按量的差异（大小、长短、粗细）比较和排序，并进行描述。				
参与自然测量活动，能借助物体比较事物的高矮、长短、粗细等。				
能结合生活经验理解昨天、今天和明天等时间概念，知道今天、昨天和明天分别是星期几。				
几何与空间 / 认识长方形、椭圆形和梯形。				
能用 6 种平面图形（圆形、三角形、正方形、长方形、椭圆形、梯形）进行组合拼搭。				
以自身为中心区分前后、里外空间方位，并按照方位词（上下、前后、里外）的指令行动。				
运用数学知识解决问题 / 开始运用简单的策略解决数学问题并做初步的解释。				
在生活或活动中提出简单的数学问题。				

附录 幼儿发展指引与检核表

幼儿数学发展检核表(5～6 岁)

幼儿姓名：　　　　　出生日期：　　　　　性别：

教师姓名：　　　　　班级：　　　　　　　园所：　　　　　　填表日期：

二级指标		评价			备注
		待发展	发展中	熟练	
数与运算	能倒数、默数和按群计数。				
	认识 3 个相邻数的关系及 10 以内自然数列的等差关系。				
	能正确书写 10 以内的阿拉伯数字。				
	知道 10 以内数的组成，理解总数与部分数的等量、互补和互换关系。				
	能进行 10 以内数的加减运算。				
	可以解答和自编简单的(求和、求剩余)口述应用题。				
规律与关系	理解集合的包含关系及两个集合的对应关系。				
	能依据两种(或两种以上)属性将物品分类。				
	能复制、延伸与创造规律。				
量与计量	依据大小、长度、容量、重量等来描述、比较与排序物品。				
	以非标准单位(如小棍等各种物体)进行估算和自然测量。				
	探索常用的测量工具，如尺子、天平、温度计、量杯(量勺)等。				
	展现对时间概念的知觉(在生活、游戏中学会使用时间单位，会借助某种方法或工具估计时间的长短)。				
几何与空间	认识区分正方体、长方体、球体、圆柱体。				
	以自身为中心区分左右方位。				
	了解并能使用方向词和位置词。				
运用数学知识解决问题	运用多种表征方式解释解决数学问题的策略，描述数学想法。				

幼儿美术发展检核表（3～4岁）

幼儿姓名：　　　　　　出生日期：　　　　　　　性别：
教师姓名：　　　　　　班级：　　　　　　　　　园所：　　　　　　　　观察时间：

二级指标		评价			备注
		待发展	发展中	熟练	
感受与欣赏	喜欢观看自然界、生活中美的事物以及绘画、泥塑等艺术作品。				
	能感知事物及作品中鲜明的色彩和简洁的造型。				
表现与创造	经常涂涂画画、粘粘贴贴并乐在其中。				
	一段时间内能多次探索某种艺术材料的特性。				

幼儿美术发展检核表（4～5岁）

幼儿姓名：　　　　　　出生日期：　　　　　　　性别：
教师姓名：　　　　　　班级：　　　　　　　　　园所：　　　　　　　　观察时间：

二级指标		评价			备注
		待发展	发展中	熟练	
感受与欣赏	能专注地欣赏自然与生活中美的事物及艺术作品。				
	能关注到事物和作品的细节、色彩、形态特征，并有自己的想象和理解。				
表现与创造	经常用个人喜欢的美术形式表达自己的所见所想。				
	能探索不同艺术材料的特质，并萌发出表现的意图。				

幼儿美术发展检核表(5～6岁)

幼儿姓名： 　　　出生日期： 　　　性别：

教师姓名： 　　　班级： 　　　园所： 　　　观察时间：

二级指标		评价			备注
		待发展	发展中	熟练	
感受与欣赏	能欣赏和发现美的事物与作品，乐意与他人交流。				
	能感知作品的风格、理解作品表达的情感，更加关注媒介与技巧方面的差异。				
表现与创造	积极参与美术活动，并有自己喜欢的美术形式。				
	能有目的地选择适宜的材料或形式表达自己的感受和经验。				

关于检核表中等第(待发展＼发展中＼熟练)的说明

待发展：幼儿无法表现出该指标，表示幼儿尚未习得该指标所代表的技巧、特定的行为或成就。

发展中：幼儿间歇性地展现该指标所代表的技巧、行为和成就，或正在萌发中，尚未稳定地展现。

熟练：表示幼儿能够稳定可靠地展现出该指标所代表的技巧、行为和成就。虽然幼儿可能已超出该指标的范围，也不再参与该指标所描述的活动，但如果教师观察到幼儿表现出这些技能，且这些技能是在幼儿的能力范围内，就应勾选"熟练"。

参考文献

1. 幼儿园快乐与发展课程编写组. 幼儿园快乐与发展课程[M]. 北京：北京师范大学出版社，2008.

2. 北京市教育委员会. 北京市贯彻《幼儿园教育指导纲要(试行)》实施细则[M]. 北京：同心出版社，2006.

3. 李季湄，冯晓霞.《3—6岁儿童学习与发展指南》解读[M]. 北京：人民教育出版社，2013.

4. 马戈·迪希特米勒，朱迪·雅布隆，阿维娃·多尔夫曼，等. 作品取样系统：教室里的真实性表现评价[M]. 南京：南京师范大学出版社，2009.

5. 马戈·迪希特米勒，朱迪·雅布隆，阿维娃·多尔夫曼，等. 作品取样系统：3~6岁儿童发展指引[M]. 廖凤瑞，陈姿兰，译. 南京：南京师范大学出版社，2009.

6. 黄世勋. 幼儿园体育创新活动指导(大班)[M]. 北京：教育科学出版社，2003.

7. 黄世勋. 幼儿园体育创新活动指导(中班)[M]. 北京：教育科学出版社，2003.

8. 黄世勋. 幼儿园体育创新活动指导(小班)[M]. 北京：教育科学出版社，2003.

9. 黄世勋. 幼儿园体育创新——基础理论和方法[M]. 北京：教育科学出版社，2003.

10. 徐青. 学前儿童数学教育[M]. 北京：高等教育出版社，2011.

11. 黄瑾. 学前儿童数学教育[M]. 上海：华东师范大学出版社，2007.

12. 林嘉绥，李丹玲. 学前儿童数学教育[M]. 北京：北京师范大学出版社，1994.

13. 黄瑾. 学前儿童数学学习与发展核心经验[M]. 南京：南京师范大学出版社，2015.

14. 王琼，陈筱筱. 多元智能活动开放课程：教师指导用书(艺术—创造)[M]. 北京：农村读物出版社，2010.

15. 安·佩洛. 艺术语言：以探究为基础的幼儿园美术活动[M]. 于开莲，译. 北京：教育科学出版社，2011.

16. 李静，梁国力. 大肌肉群发展测试（TGMD-2）研究[J]. 中国体育科技. 2005(2)：105-107.

17. 李红，何磊. 儿童早期的动作发展对认知发展的作用[J]. 心理科学进展. 2003(3)：315-320.

18. 林磊，董奇，孙燕青，等. 3—7岁儿童与成人筷子使用动作模式的比较研究[J]. 心理学报. 2001(3)：231-237.

19. 李健. 婴幼儿运动技能的培养[J]. 北京教育学院学报（自然科学版）[J]. 2011(2)：64-68.

20. 徐及荣，陈文斐. 自理能力培养对中大班幼儿精细动作发展的影响：以寄宿制幼儿园为例[J]. 幼儿教育（教育科学）. 2010(33)：49-51.

21. 李蓓蕾，林磊，董奇等. 儿童精细动作能力的发展及与其学业成绩的关系[J]. 心理学报. 2002(5)：494-499.

22. 姚端维，陈英和，赵延芹. 3～5岁儿童情绪能力的年龄特征、发展趋势和性别差异的研究[J]. 心理发展与教育[J]. 2004(2)：12-16.

23. 刘小珍，李欣晏. 儿童情绪理解能力发展研究综述[J]. 黑龙江科技信息. 2011(36)：240.

24. 赵迎春，张劲松. 儿童情绪认知评价方法研究进展[J]. 中国儿童保健杂志. 2008(2)：199-201.

25. 高军. 儿童入学准备的情绪和社会性方面的发展[J]. 太原大学教育学院学报. 2011(1)：23-25.

26. 乔建中，饶虹. 国外儿童情绪调节研究的现状[J]. 心理发展与教育. 2000(2)：49-52.

27. 马伟娜，姚雨佳，曹亮. 学龄儿童不同层次情绪理解的发展及其与同伴接纳的关系[J]. 心理科学. 2011(6)：1397-1402.